ÉLÉMENS D'ARCHITECTURE,

DEDIÉS A MONSEIGNEUR

LE LIEUTENANT-GÉNÉRAL DE POLICE,

Par le Sieur PANSERON, *Professeur d'Architecture, Ancien Professeur de Dessein à l'Ecole Royale Militaire.*

Cet Ouvrage est divisé en trois Parties ; dans la premiere, l'Auteur donne en seize planches, d'un format portatif, les Principes de *l'Architecture*, lavées, pour servir de modele aux Commençans, prix au trait 2 liv. 10 s., & lavées 5 liv.

La seconde Partie contiendra les *Figures*, *Ornemens*, *Trophées* & *Bas-reliefs*, relatifs à *l'Architecture*, en quinze Planches, même prix 2 liv. 10 s. au trait, & 5 liv. lavées.

La troisieme Partie contiendra, en quinze Planches, l'application des cinq *Ordres d'Architecture* à la construction des Edifices, prix au trait 2 liv. 10 s., & lavées 5 liv.

Cet Ouvrage se vendra ensemble ou séparément, le Recueil entier au trait 6 liv., & lavé 12 liv. broché.

La premiere Partie se vend à Paris chez l'Auteur, Cul-de-sac Sainte-Marine, Maison de M. Prestat, Garnisseur du Roi.

Et chez DESNOS, Libraire, Ingénieur-Géographe du Roi de Danemark, rue saint Jacques, au Globe.

M. DCC. LXXII.

Avec Approbation, & Privilege du Roi.

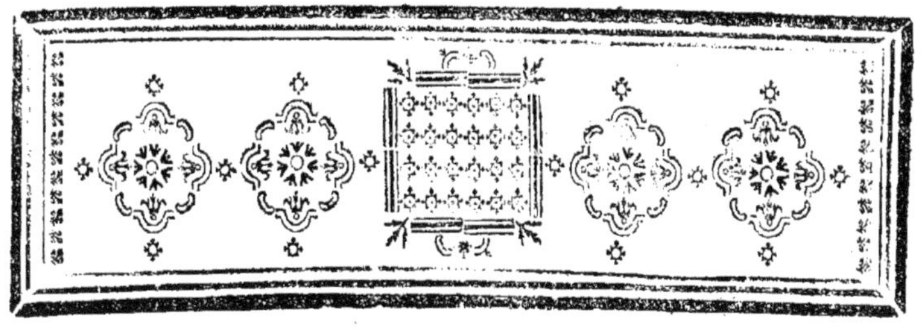

A MONSEIGNEUR LE LIEUTENANT-GÉNERAL DE POLICE.

MONSEIGNEUR,

La Nation mettra au nombre des plus grands services qui lui ont été rendus, l'inſtitution de l'Ecole gratuite de Deſſein, *qui eſt votre ouvrage. Cet établiſſement ſera une époque glorieuſe dans l'Hiſtoire des Arts. Il ſortira de cette heureuſe pépiniere une foule de talens qui, ſans cette premiere culture, ſeroient péris dans leur germe.*

L'Ouvrage que j'ai l'honneur de vous présenter, MONSEIGNEUR, destiné à faciliter les progrès des jeunes Eleves en Architecture, peut devenir utile au plan de l'Ecole gratuite, *& être de quelque secours aux Maîtres distingués qui la dirigent : il ne pouvoit donc paroître sous de plus heureux auspices que sous les vôtres : Daignez en accepter l'hommage avec bonté, ainsi que celui du profond respect avec lequel j'ai l'honneur d'être,*

MONSEIGNEUR,

Votre très-humble & très-obéissant serviteur,
PANSERON.

ÉLÉMENS D'ARCHITECTURE.

AVANT d'entrer dans le détail de ce qui est contenu dans la premiere partie de cet Ouvrage, il ne sera pas inutile de tracer en peu de mots l'origine des cinq *Ordres d'Architecture.*

Origine des cinq Ordres d'Architecture.

De toutes les parties de *l'Architecture*, il n'en est pas qui annoncent plus sa magnificence que les *Ordres* qui servent à la décoration des édifices; aussi cet Art n'est-il arrivé à sa perfection que lorsque les proportions de ces *Ordres* ont été fixées, leur usage établi & leurs différentes expressions constatées & déterminées par les Grecs.

Leur premiere invention fut *l'Ordre Dorique*, du nom de *Dorus*, *Roi d'Achaïe*, ou du *Péloponèse*. Ce Prince ayant fait bâtir dans *Argos* un Temple à *Junon*; *l'Ordre Dorique* y fut employé dans une proportion raccourcie; mais ayant remarqué le mauvais effet qui en résultoit, on le régla dans la suite sur la proportion, la force & la beauté des parties du corps de l'homme; c'est ce qui lui assigna dès-lors un caractere de *virilité*, qui le fit employer particulierement dans la construction des *Temples* des *Dieux* & des *Héros*.

L'Ordre Ionique. Les *Ioniens* projettant, pour honorer *Dianne*, de lui dédier un *Temple* magnifique à *Ephèse*, chercherent une nouvelle proportion qui, sans être moins réguliere que la *Dorique*, offrit cependant quelque chose de plus délicat; & comme on avoit déterminé le premier sur la proportion du corps de l'homme; ils réglerent celui-ci sur la taille dégagée des femmes Grecques. Aussi pour représenter leur coëffure, ils taillerent des *Volutes* au *Chapiteau.*

L'Ordre Corinthien. Une jeune fille étant morte la veille de ses nôces, sa famille posa sur sa sépulture une corbeille qui renfermoit plusieurs bijoux qu'elle avoit chéris pendant sa vie; pour qu'elle résistât plus long-tems aux injures de l'air, on la couvrit d'une tuile. Le hasard voulut que cette corbeille fut placée sur la racine d'une plante d'Achante sauvage, qui, venant à pousser au printems, étendit ses rameaux sur la circonférence de cette corbeille en forme de vase, ils se trouverent arrêtés par les angles de la tuile, & furent obligés de se recourber en *Volutes. Callimaque*, Sculpteur Grec, fut frappé de l'heureux effet que produisoit le tout ensemble, & conçut l'idée du *Chapiteau Corinthien*, nommé ainsi, parce qu'il fut inventé près de la ville de *Corinthe.* Ce *Chapiteau* donna ensuite son nom à un nouvel *Ordre*, qui, à l'exemple des précédents, fut encore pris sur la proportion des parties du corps humain; mais sur la taille svelte & légere d'une jeune fille.

Les *Ordres Toscan* & *Composite* furent inventés par les Romains.

L'Ordre Toscan. Plusieurs prétendent qu'il fut employé pour la premiere fois au *Temple* de *Janus*, *Roi d'Italie*, ensuite à *Florence*, pour celui de *Mars*, aujourd'hui l'Eglise du Baptistere de S. Jean. D'autres assurent que cet *Ordre* fut inventé en *Etrurie*, dans le tems que les Grecs mirent en œuvre les *Ordres* qu'ils nous ont laissé pour exemple.

L'Ordre dit *Composite* fut ainsi nommé par la raison que son Chapiteau est composé des Chapiteaux des *Ordres Ionique* & *Corinthien.* Quoiqu'il ait été imaginé bien avant *Vitruve*, cet Auteur n'a pas jugé à propos de le ranger dans la classe des *Ordres*, ayant, dit-il, la proportion du *Corinthien.*

L'origine des *Colones torses* vient de certains arbres qui se trouverent embarrassés par d'autres plantes ou arbustes, tels que le chevrefeuil, le lierre & la vigne sauvage; ces arbustes s'étant incorporés avec les troncs qui leur servoient d'appui, leurs rameaux présenterent la figure d'une élice ou une ligne torse, qui donna sans doute aux Architectes Romains l'idée de faire des *Colones torses.*

Détail de ce que contient la premiere Partie de cet Ouvrage.

LA premiere Planche repréſente les cinq *Ordres* (a) *d'Architecture* pris ſous une même hauteur & entre deux paralleles; on y voit les *Colonnes* avec leurs *Piedeſtaux* & *Entablements*, au-deſſus deſquels ſont écrits leurs noms. Les *Colonnes* des *Ordres Toſcan* & Dorique ont leurs *Piedeſtaux* dans le rapport du tiers de leur hauteur, & leurs *Entablements* dans celui du quart.

Pour trouver cette proportion, il faut diviſer la hauteur A B, ou telle autre que l'on voudra, en dix-neuf parties égales; en prendre quatre pour la hauteur des *Piedeſtaux* C & D, & trois pour la hauteur des *Entablements* E & F, & les douze parties reſtantes donneront la hauteur des *Colonnes* G & H, que l'on diviſera en ſept parties égales pour avoir le diametre de *l'Ordre Toſcan*, & en huit parties égales, pour avoir celui de *l'Ordre Dorique.*

Chacun de ces diametres particuliers ſe diviſera en deux parties égales pour avoir les *Modules* de ces deux *Ordres*; leſquels *Modules* ſe diviſeront chacun en particulier en douze portions égales que l'on nomme *parties.*

Le *Module* & les *Parties* ſervent de meſure dans *l'Architecture.*

Le *Module* n'eſt autre choſe que la moitié de la groſſeur, ou le demi diametre de chaque *Colonne.*

Les *Ordres Ionique*, *Corinthien* & *Compoſite* ont leurs *Piedeſtaux* entre le tiers & le quart de leur hauteur, & les *Entablements* entre le quart & le cinquieme, proportion que je trouve la plus convenable à ces trois *Ordres*, quoique *Vignole* ait établi pour regle générale que les *Piedeſtaux* des différens *Ordres d'Architecture* auront pour hauteur le tiers de celle de la *Colonne*, & les *Entablements* le quart.

Pour trouver la proportion dont je viens de parler, il faut diviſer la hauteur I K, ou telle autre que l'on voudra, en vingt-neuf parties égales. On en prendra cinq auxquelles on ajoutera la moitié de la différence qu'il y a entre cette hauteur & la hauteur des *Piedeſtaux* C & D; ce ſera la hauteur demandée pour les *Piedeſtaux* L, M, N.

(a) *Ordre*, ſignifie en *Architecture* pluſieurs parties réunies enſemble, & qui concourent à faire un beau tout.

Pour les *Entablements* on prendra quatre de ces mêmes parties, auxquelles on ajoutera la moitié de la différence qu'il y a entre cette hauteur & la hauteur des *Entablements* E & F, ce qui donne la proportion demandée pour les *Entablements* O, P, Q; la hauteur restante entre les *Piedestaux* & les *Entablements* dont je viens de parler, se divisera en neuf parties égales, pour avoir le *Diametre* de *l'Ordre Ionique* R, & en dix parties égales, pour avoir celui des *Ordres Corinthien* & *Composite* S & T; ces *Diametres* se divisent pareillement en deux parties égales, que l'on nomme aussi *Modules*, & ces *Modules* en dix-huit *Parties* égales. Ces *Parties* reglent la mesure & les proportions des *Moulures* de ces mêmes *Ordres*, comme on le verra dans les Planches suivantes.

On a placé au-dessous de chaque *Ordre* les *Plans* des *Colonnes* U, X, Y, Z, &, qui y correspondent.

Ces cinq *Ordres d'Architecture* ont chacun un caractere qui les fait aisément reconnoître.

L'Ordre Toscan se distingue par sa simplicité & par la proportion de sa hauteur, qui est fixée à sept fois sa grosseur, ou quatorze *Modules*.

L'Ordre Dorique suit une proportion moins raccourcie, ayant pour hauteur huit fois sa grosseur ou seize *Modules*, & de plus, une richesse dans son entablement qui le distingue des autres *Ordres*.

L'Ordre Ionique s'annonce par une proportion sévelte, ayant pour hauteur neuf fois sa grosseur, ou dix-huit *Modules* : on le reconnoît encore aux *Volutes* (a), qui sont la beauté de son *Chapiteau*.

L'Ordre Corinthien se reconnoît par sa proportion plus sévelte encore que celle de *l'Ordre Ionique*, ayant pour hauteur dix fois sa grosseur, ou vingt *Modules* : & une très-grande richesse *d'Ornement* à son *Chapiteau*.

L'Ordre Composite est ainsi nommé, parce que son *Chapiteau* est composé du *Chapiteau Ionique* & du *Corinthien*. Il suit la même proportion que ce dernier *Ordre*.

(a) *Volute*, sorte d'ornement représentant une ligne spirale.

La

Pl. 1re

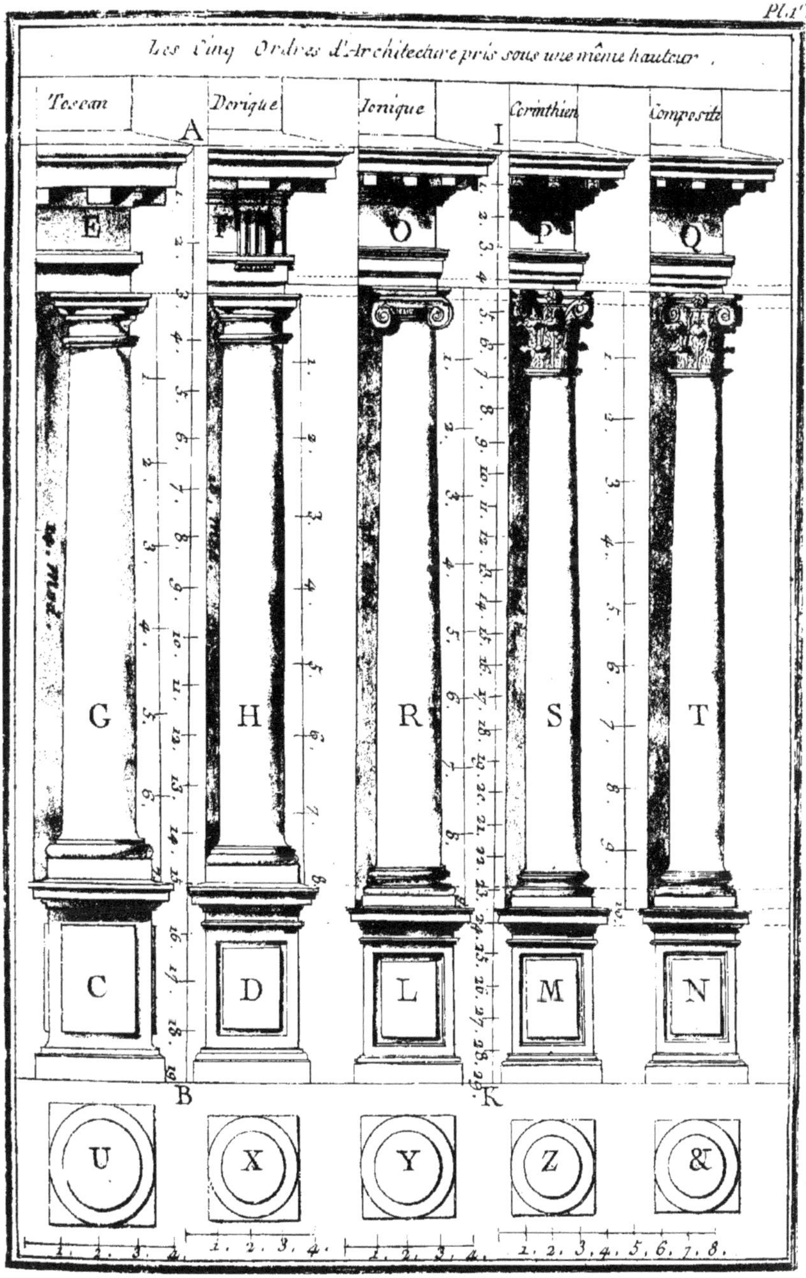

Les Cinq Ordres d'Architecture pris sous une même hauteur.
Toscan
Dorique
Jonique
Corinthien
Composite
A
I
E
F
O
P
Q
G
H
R
S
T
C
D
L
M
N
B
K
U
X
Y
Z
&
4. Mod.
1. 2. 3. 4.
1. 2. 3. 4.
1. 2. 3. 4.
1. 2. 3. 4. 5. 6. 7. 8.

Les Ordres d'Architecture sans Piedestaux.
Toscan
Dorique
Ionique
Corinthien
A
F
L
P
E
K
O
S
C
H
B
G
M
Q
T
U
X
Y

La Planche deuxieme contient les Ordres d'Architecture *sans* Piedestaux.

L'*Ordre Toscan* a pour son *Entablement* le quart de sa hauteur, & son *Socle* le sixieme. Pour trouver cette proportion, il faut diviser la hauteur A B, ou telle autre que l'on voudra, en dix-sept parties égales, en prendre trois pour *l'Entablement* D, & deux pour le *Socle* C, & les douze parties restantes pour la *Colonne* E, ce qui donnera la proportion demandée.

L'Ordre Dorique a pour son *Entablement* le cinquieme de sa hauteur; & le *Socle* sur lequel il est posé, le sixieme, plus un trentieme. Pour trouver cette proportion, divisez la hauteur F G, ou telle autre que vous voudrez, en vingt-sept parties égales : prenez-en quatre pour *l'Entablement* I, trois pour le *Socle* H, & les vingt parties restantes pour la *Colonne* K; ce qui vous donnera la proportion demandée.

L'Ordre Ionique a pour son *Entablement décomposé* le sixieme de sa hauteur, sa base posant sur le sol. Pour trouver cette proportion, il faut diviser la hauteur L M, ou telle autre que l'on voudra, en sept parties égales : on en prendra une pour *l'Entablement* N, & les six parties restantes pour la *Colonne* O; ce sera la proportion demandée.

L'Ordre Corinthien a une espece *d'Entablement* nommé *Corniche-Architravée* que l'on met souvent en usage dans l'intérieur des bâtimens; sa hauteur est le septieme de celle de la *Colonne*, sa base posant sur le sol; pour trouver cette proportion, il faut diviser la hauteur P Q, en huit parties égales, en prendre une pour la *Corniche-Architravée* R, & les sept parties restantes pour la *Colonne* S: on voit au-dessous de chaque *Ordre* les *Plans* T, U, X, Y, qui y correspondent.

La Planche troisieme représente la maniere de décrire les Moulures *que l'on met en usage dans* l'Architecture, *leur nom est marqué sur chacune; l'on y voit aussi la* Colonne torse, *& la maniere de la* torser.

POur *torser* une *Colonne*, il en faut faire *le Plan* & l'*Elevation*; le petit *Cercle* au milieu du *Plan* marque de combien l'on veut qu'elle soit *torsée*; on éleve les *Paralleles* & l'on divise *l'Axe* depuis le dessus de la *Base* jusqu'au-dessous de *l'Astragalle* en quarante-huit parties égales, puis l'on décrit *l'Axe spiral*, & l'on porte de droite & de gauche les différentes grosseurs de la *Colonne* sur chaque division pour décrire les *Spirales* de contour.

Comme cet Ouvrage est destiné à former principalement de jeunes *Artistes*, à qui la simple théorie ne suffit pas, & qui doivent encore se proposer d'exécuter par eux-mêmes : nous croyons nécessaire d'entrer ici dans quelques détails sur la maniere de *laver* & de distribuer les *Ombres*.

Nous posons pour premier principe que la lumiere qui éclaire les objets représentés sur nos Planches, est toujours censée produite par la clarté du *Soleil.* Pour second principe, que cet *Astre* est toujours supposé dans une élévation de 45 dégrés au-dessus de l'horison, & formant un angle de même mesure avec les objets qu'il éclaire; cela posé, il est aisé de concevoir que tout *Corps*, ou *Membre-saillant*, portera sur les objets qui lui sont *Arriere-corps*, des Ombres égales à leur *Saillie*; mais on doit avertir les Commençans que ce principe ne s'observe pas toujours scrupuleusement; car il faut avant de *laver* un dessein, chercher les moyens de disposer les *Ombres*, pour qu'elles puissent faire un bon effet, & cela, en s'écartant quelquefois des principes que nous venons d'établir : ainsi qu'il sera expliqué, quand l'occasion s'en présentera.

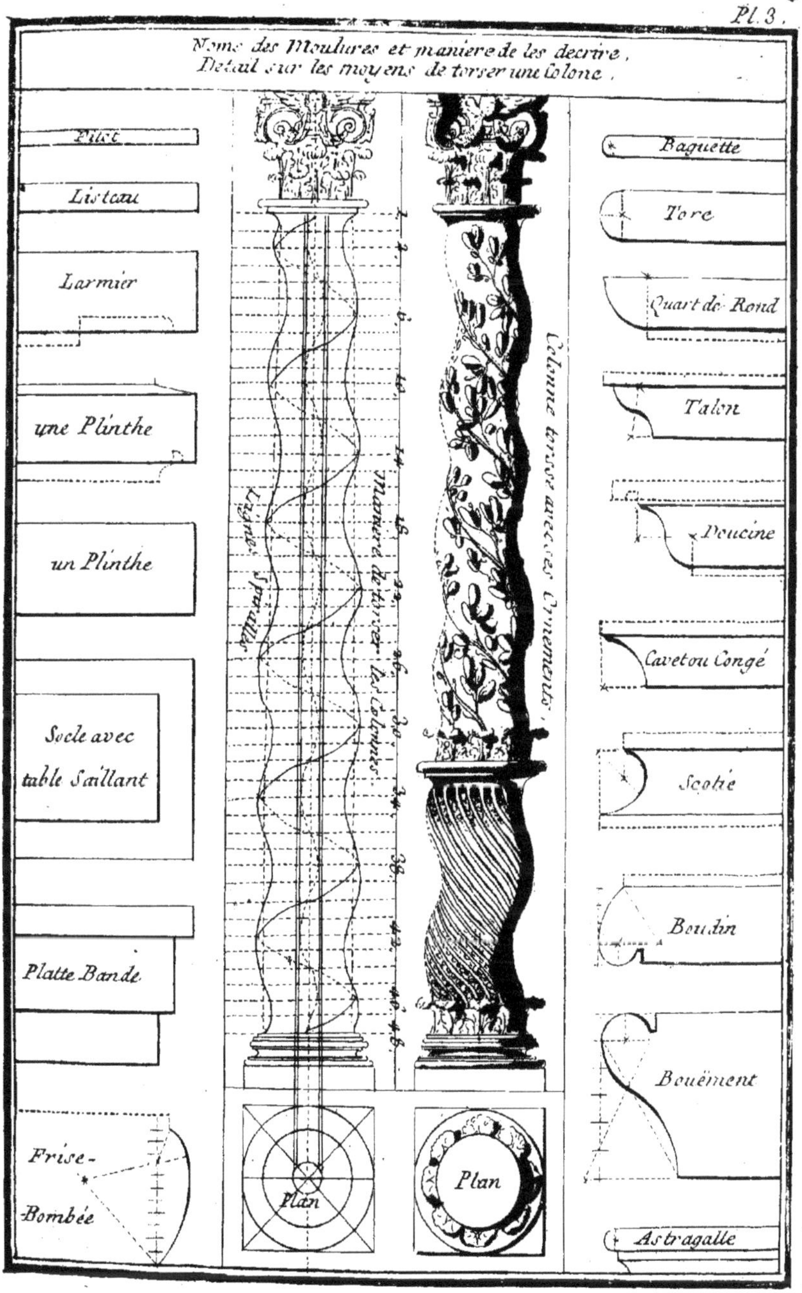

Noms des Moulures et maniere de les decrire,
Detail sur les moyens de torser une Colone.

Filet
Listeau
Larmier
une Plinthe
un Plinthe
Socle avec table Saillant
Platte Bande
Frise-Bombée

Ligne Spiralle
Maniere de torser les Colonnes.
6 10 14 18 22 26 30 34 38 42 46 48
Plan

Colonne torse avec ses Ornements.
Plan

Baguette
Tore
Quart de Rond
Talon
Doucine
Cavet ou Congé
Scotie
Boudin
Bouëment
Astragalle

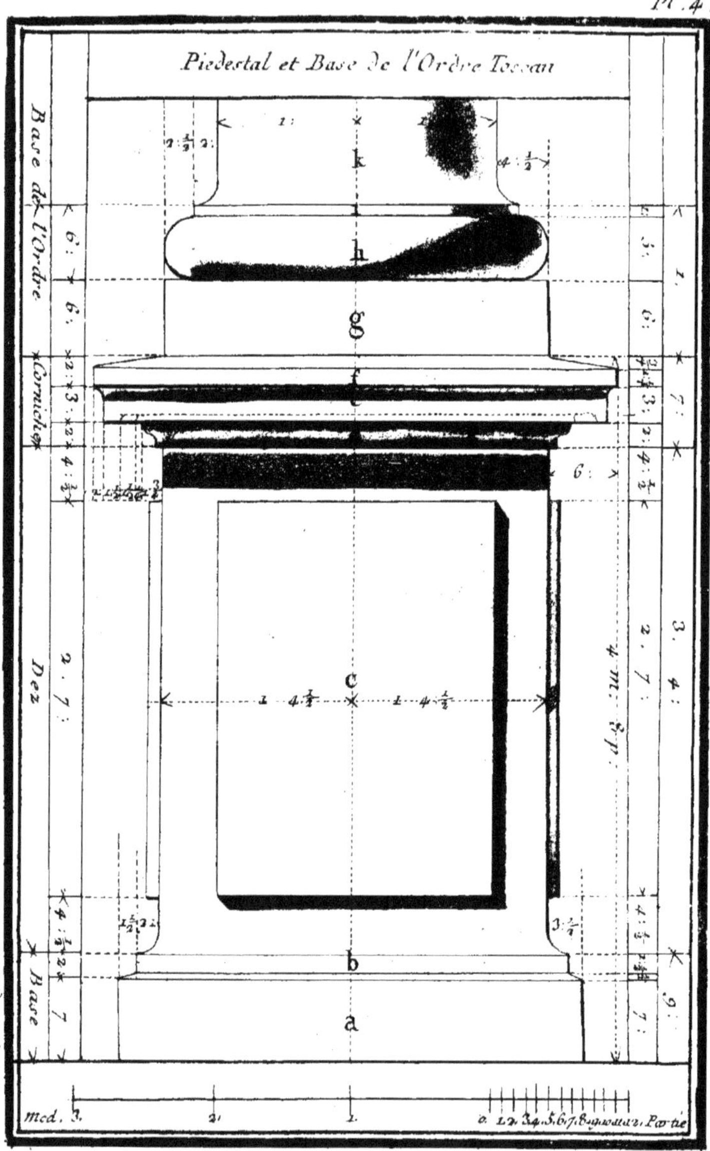
Piedestal et Base de l'Ordre Toscan
Base de l'Ordre
Corniche
Dez
Base
k
h
g
f
c
b
a
Med. 3.
2.
1.
0. 1. 2. 3. 4. 5. 6. 7. 8. 9. 10. 11. 12. Partie

La Planche quatrieme contient le Piedestal *& la* Base *de* l'Ordre Toscan; *le nom des parties principales est écrit d'un côté, & elles sont* cotées *de l'autre ; les* Masses de détail *sont pareillement* cotées *d'un côté, & les* Moulures *particulieres de l'autre, pour éviter la confusion & pour donner plus de facilité aux Commençans.*

CEtte maniere de *coter* est observée dans toutes les Planches suivantes, les noms des *Masses de détail* se trouvent par les *notes* de renvoi ci-dessous.

a. Plinthe.
b. Listeau.
c. Table-saillante.
d. Cimaise inférieure.
e. Larmier.
f. Listeau ou Cimaise supérieure.
g. Plinthe.
h. Tore.
i. Listeau.
k. Fut ou vif de la Colonne.

Maniere d'ombrer *le* Piedestal, *la* Base *& un bout du* Fut *de* l'Ordre Toscan.

La partie du *Fut* k. est un bout de *Cilindre* qui est frappé de la lumiere du *Soleil* à droite (*a*), en est privé à gauche, & ne reçoit de lumiere que celle qui lui vient des *Reflets* (*b*) de la surface de la terre ou de quelque objet voisin. *L'Ombre* doit être adoucie vers la droite, parce qu'elle avoisine la partie éclairée directement; le fort de *l'Ombre* suit cette partie adoucie, & se termine par une troisieme partie qui est censée recevoir une lumiere affoiblie & *refletée.*

Il faut donc distinguer soigneusement dans la distribution des *Ombres* trois parties, une *claire*, une *sombre* & une *refletée.*

La lumiere frappant sur un corps rond, tel que cette *Colonne* qui sert d'exemple, produit encore un effet qu'il est très-important de remarquer; elle s'affoiblit légerement du côté éclairé, en tombant sur des *Plans* qui lui deviennent de plus en plus inclinés : ce qu'on représente dans le *lavis* par une *teinte* adoucie graduellement.

Le filet i. est ombré de même que le *Fut*; pour détacher ce même filet, on réserve un *Reflet* sur le *Fut* qui se termine en congé.

Le Tore k. a le fort de son ombre dans sa partie supérieure à gau-

(*a*) La droite des Figures représentées sur nos Planches correspond à la gauche du Lecteur.

(*b*) Reflet s'entend d'une lumiere foible à sens contraire.

che, eſt *refleté* dans ſa partie inférieure, & ſe prolonge dans ſa partie inférieure à droite.

On obſervera de ce même côté une *teinte* pâle adoucie, par la raiſon qu'on vient d'expliquer au ſujet du *Fut* de la *Colonne*.

La Cimaiſe ſupérieure ou Liſteau f. porte ſur le larmier e. une *Ombre* égale à ſa *Saillie*, en réſervant un *Reflet*, à cauſe que le deſſus du larmier e. ſe termine en congé.

Le Larmier e. à ſon tour porte une *Ombre* ſur la Cimaiſe inférieure d, & ſe trace ſur le dez; la grandeur de cette *Ombre* eſt égale à la *Saillie* du Larmier priſe du nud du dez : on réſerve un *Reflet* au milieu du Talon d. ou Cimaiſe inférieure.

On obſerve un *Reflet* ſous ce même Talon, pour le détacher du dez.

Le dez eſt enrichi d'une *Table-ſaillante* qui produit des *Ombres* égales à ſa *Saillie* au-deſſous & à côté à gauche; l'on voit la *Saillie* des *Tables* par les côtés, à droite elle eſt dans la *teinte*, à gauche dans l'*Ombre*.

Les Ombres ayant été diſtribuées, comme on vient de l'indiquer, on étendra une *teinte* pâle & légere ſur toutes les ſurfaces planes en réſervant des *Eclairs* aux extrêmités où le *Soleil* frappe pour indiquer les *Saillies*, tels que les Reverdeaux, les Congés, les Tables, &c. qui reçoivent une lumiere plus directe.

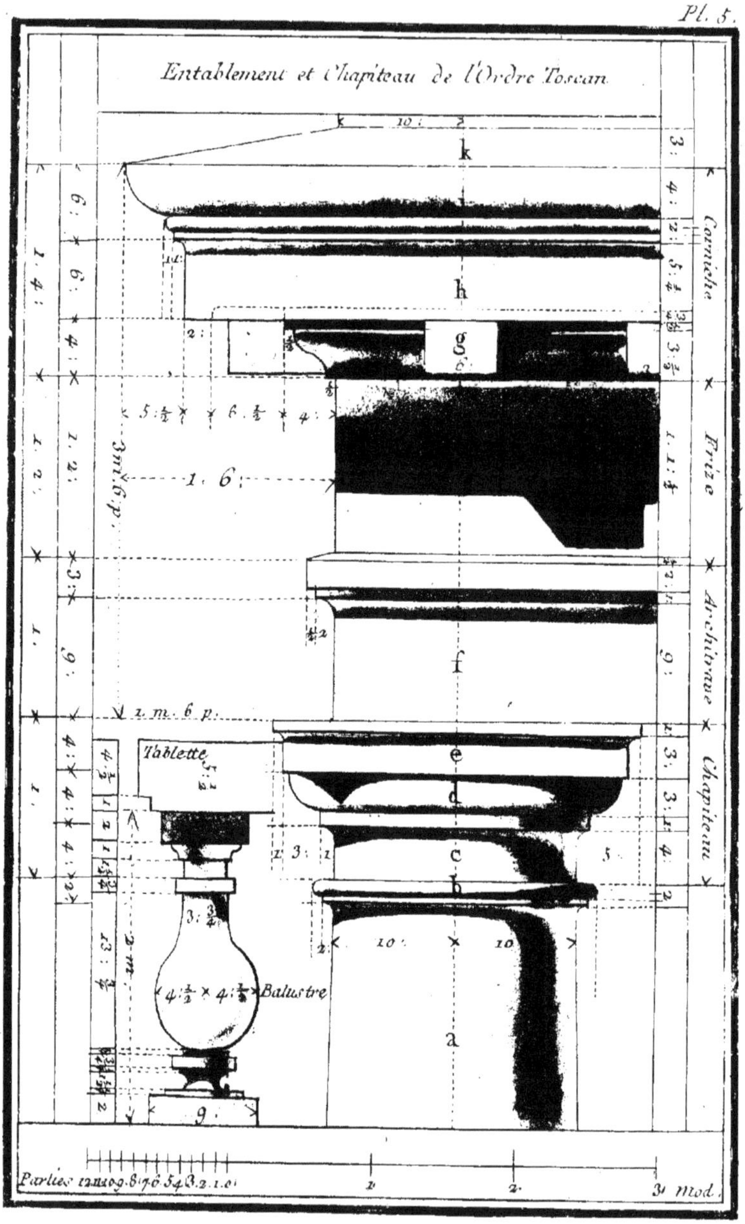
Entablement et Chapiteau de l'Ordre Toscan
Corniche
Frize
Architrave
Chapiteau
Tablette
Balustre
k
h
g
f
e
d
c
b
a
Parties 12.11.10.9.8.7.6.5.4.3.2.1.0.
1
2
3 Mod.

La Planche cinquieme represente l'Entablement & Chapiteau *de* l'Ordre Toſcan *avec ſon* Baluſtre.

a Fut ou vif de la Colonne.
b. Aſtragalle.
c. Gorgerin.
d. Quart de rond.
e. Plate bande couronnée d'un Liſteau.
f. Plate-bande couronnée d'un filet & d'un Liſteau.
g. Gros Modillon placé dans la Cimaiſe inférieure.
h. Larmier.
i. Cimaiſe ſupérieure.
k. Reverdeau.

Maniere de projetter *les* Ombres *de* l'Entablement & Chapiteau *de* l'Ordre Toſcan.

La Cimaiſe ſupérieure i. eſt compoſée d'un quart de rond, d'une baguette & d'un filet.

Le quart de rond a le fort de ſon ombre dans ſa partie inférieure, monte en s'affoibliſſant, & ſe termine vers le milieu par une nuance inſenſible.

La Baguette & le Filet devroient naturellement ſe trouver en totalité dans *l'Ombre*; mais je crois qu'il eſt à propos pour l'effet du Deſſein, de donner à la Baguette une *Ombre* dans ſa partie inférieure ſans aucun adouciſſement, vu que cette moulure eſt peu conſidérable; & de repréſenter le filet comme entierement éclairé, & portant une *Ombre* ſur le larmier h. de la grandeur de la *Saillie* du même filet.

On ménagera un *Reflet* ſous le filet, par la raiſon que la partie ſupérieure du larmier h. ſe joint au filet par un congé.

Le Larmier h. eſt tout entier dans le clair, parce qu'il n'y a aucune *Saillie* qui puiſſe le priver de l'effet de la lumiere.

Le Modillon g. eſt auſſi entierement éclairé, quoiqu'il dût naturellement avoir dans *l'Ombre* une partie de ſa ſurface.

Le Larmier h, ainſi que le Modillon g, placé dans la Cimaiſe inférieure, portent leur *Ombre* ſur la frize; cette Ombre eſt déterminée par la *Saillie* du Larmier h. priſe du nud de la frize, & par celle du Modillon g, qui forme à droite un angle de 45 dégrés avec la ligne *Verticale* (*a*), & à gauche un angle droit, dont le côté *Vertical* eſt égal à la hauteur du Modillon, & forme un angle droit avec le côté horiſontal de *l'Ombre* qui répond à la largeur de ce même Modillon.

(*a*) Verticale, c'eſt-à-dire, la ligne d'aplomb.

La Cimaiſe inférieure eſt compoſée d'un talon & d'un filet; le Talon a deux *Reflets*, un au milieu, produit par les objets voiſins, & l'autre, pour détacher le filet, à côté du Modillon à gauche, l'on doit porter une forte ombre qui ſe releve à 45 dégrés, mais qui n'eſt cependant pas dans la nature; elle eſt néceſſaire pour l'effet; *l'Ombre* portée ſur la friſe eſt plus forte à ſon extrêmité inférieure, & monte en s'affoibliſſant vers la Cimaiſe inférieure, afin que les moulures ſoient ſuffiſamment détachées des autres parties.

L'Architrave eſt compoſée d'un Liſteau, d'un Filet & d'une Plate-bande f; le Liſteau porte ſur la Plate-bande f. une ombre égale à ſa *Saillie* priſe du nud de la Plate-bande, en réſervant un *Reflet* ſous le filet, par la raiſon que la Plate-bande ſe joint au filet par un congé.

Le *Chapiteau* eſt compoſé d'un Liſteau, d'une Plate-bande e, d'un quart de rond d, d'un Filet au-deſſous, & d'un Gorgerin c.

Le Liſteau porte ſur la Plate-bande e. une *Ombre* égale à ſa *Saillie*, en réſervant un *Reflet* à cauſe du congé qui joint la Plate-bande au Liſteau.

La Plate-bande e. étant quarrée par ſon plan, produit une *Ombre* tranchante à droite, formant un angle *Curviligne* ſur le quart de rond d, & venant ſe fondre à gauche avec le fort de *l'Ombre* qui ſe trouve dans la partie ſupérieure du quart de rond d, en ménageant un *Reflet* dans ſa partie inférieure; on placera une teinte adoucie à droite, par la raiſon que le quart de rond eſt circulaire dans ſon *Plan*.

Le Filet ſera ombré comme il doit l'être d'après un *Cilindre*; le même Filet porte une *Ombre* égale à ſa *Saillie* ſur le Gorgerin c, qui ſera *Ombré* comme il a été preſcrit pour les *Futs* ou *Cilindres*.

L'Aſtragale b. eſt compoſé d'une Baguette & d'un Filet.

La Baguette repréſente un petit Tore qui ſera *Ombré* comme le Tore h. de la Baſe Toſcane.

Le Filet ſera *Ombré* comme le Filet du Chapiteau de ce même Ordre; il portera une *Ombre* ſur le *Fut* a, que l'on traitera comme il a été expliqué à l'occaſion du Gorgerin c.

L'on étendra une teinte pâle ſur toutes les ſurfaces planes, comme il a été dit à la fin de la page 12.

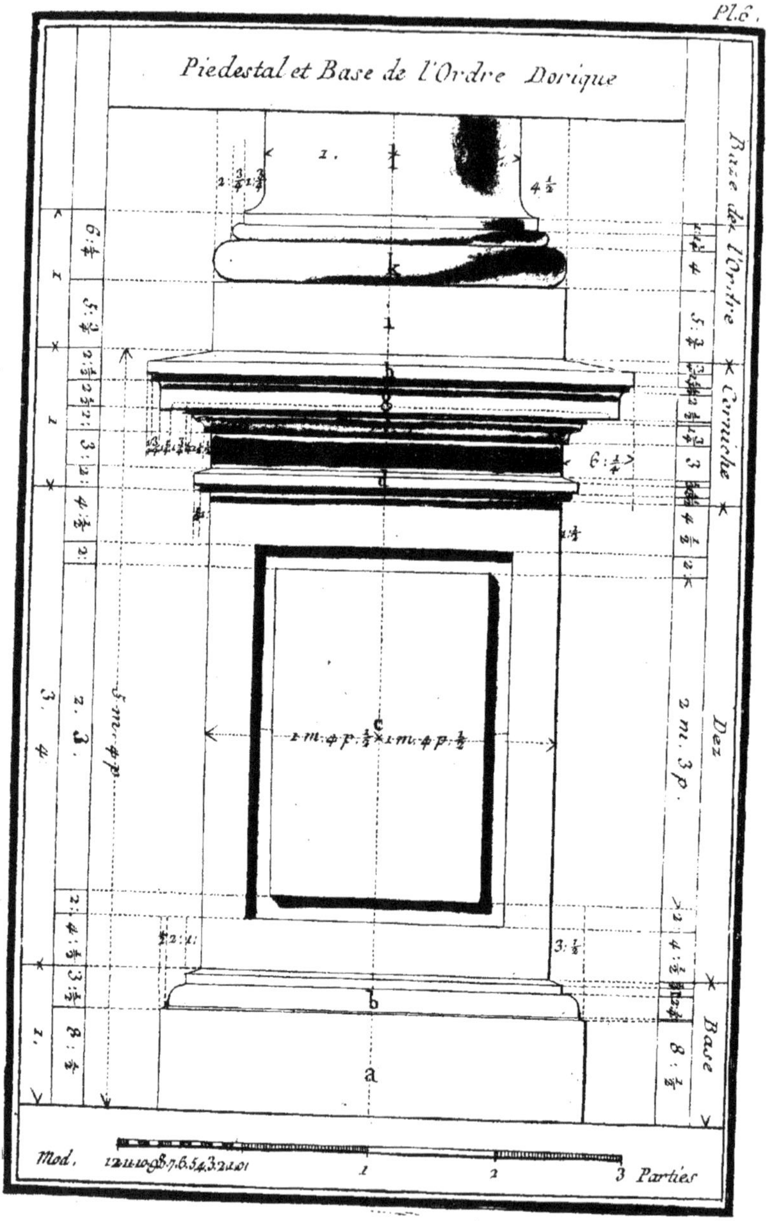

Piedestal et Base de l'Ordre Dorique

La Planche sixieme contient le Piedestal & Base *de* l'Ordre Dorique

a. Plinthe.
b. Quart de rond renversé couronné d'un Listeau.
c. Table arasée.
d. Astragalle quarrée.
e. Gorgerin.
f. Cimaise inférieure.
g. Larmier.
h. Cimaise supérieure.
i. Plinthe.
k. Tore couronné d'une Baguette & d'un Listeau.
l. Fut ou vif de la Colonne.

Maniere d'Ombrer *le* Piedestal, *la* Base & *un bout du* Fut *de* l'Ordre Dorique.

Pour *Ombrer* le *Fut* l, le Listeau, la Baguette & le Tore h. Voyez ce qui a été dit pour le *Fut*, le Listeau & le Tore de *l'Ordre Toscan*, page 12.

La Cimaise supérieure h. est composée d'un Listeau & d'un Filet.

Le Listeau porte sur le Larmier g. une *Ombre* égale à sa *Saillie* prise du nud du Larmier : on observera un *Reflet* sous le Filet, parce qu'il se joint au Larmier par un congé.

Le Larmier g. produit une *Ombre* sur la Cimaise inférieure f, qui vient se tracer sur le Gorgerin e.

La Cimaise inférieure f. est composée d'un Filet & d'un Talon, on ménagera trois *Reflets*, un sous le Talon, un à son milieu, & l'autre sous le Filet.

L'Astragalle d. est composée d'un Listeau & d'un Filet ; le Listeau jette sur le dez une *Ombre* égale à sa *Saillie* prise du nud du dez, en réservant un Reflet sous le Filet.

Le dez est enrichi d'une *Table-Arasée* & d'un *Champ-enfoncé* qui produit de *l'Ombre* sur ce même *Champ* à droite & au-dessus de la *Table* c, à gauche & au-dessous de ladite Table, égale à l'enfoncement du *Champ*.

On étendera une teinte pâle, &c. Voyez à la fin de la page 12.

La Planche septieme représente l'Entablement & Chapiteau *de* l'Ordre Dorique, *avec son* Plafond, *& un bout de* Profil *en grand.*

a. Fut ou vif de la Colonne.
b. Astragalle.
c. Gorgerin.
d. Quart de rond couronné d'une Baguette & d'un Filet.
e. Plate-bande couronné d'un Talon & d'un Listeau.
f. Plate-bande.
g. Goutte tenant à un Filet au-dessus duquel est un Listeau.
h. Trigliffe, au-dessus duquel est une Plate-bande ou Chapiteau Trigliffe.
i. Cimaise inférieure,
k. Mutule placé dans le Larmier inférieur.
l. Larmier supérieur.
m. Cimaise supérieure.
n. Reverdeau.
o. Trophée placé dans le Métope.

Maniere d'Ombrer l'Entablement & Chapiteau *de* l'Ordre Dorique.

La Cimaise supérieure m. est composée d'un Listeau, d'un Filet, d'une Doucine, d'une Baguette & d'un Filet inférieur.

Le Listeau devroit couvrir *d'Ombre* en totalité le Filet & la Doucine, mais nous nous contentons d'y mettre le Filet & un quart de la Doucine, en observant une *Ombre* plus forte sur le Filet; l'on met une *Ombre* sur la partie inférieure de la Doucine qui se fond insensiblement vers le quart : on place une *Ombre* sur la partie inférieure de la Baguette sans aucun adoucissement, le Filet au-dessous porte sur le Larmier l. une *Ombre* égale à sa *Saillie*, en ménageant un *Reflet* sous le même filet.

Le Larmier l. & le Mutule k. viennent tracer leur *Ombre* sur la frise, se profilent sur la Saillie & les renfoncements du Trigliffe. Voyez ce qui a été dit au sujet de *l'Ombre* portée par le Larmier & le Modillon de *l'Entablement Toscan*, page 13.

Revenons au Larmier Mutulaire k, qui est couronné d'un Cavet, que l'on représente comme entierement *refleté*.

La Cimaise inférieure i. est composée d'un quart de rond, d'un Filet, & du Chapiteau Trigliffe; le quart de rond a le fort de son *Ombre* sur sa partie supérieure, parce que la partie inférieure se trouve *refletée*; l'on observera de placer un *Reflet* sous le Filet pour le détacher du Chapiteau Trigliffe, & l'on en mettera un autre sous ce même Chapiteau, pour le détacher de la frise & du Trigliffe même.

Le Trigliffe h, a deux enfoncemens entiers - point & deux demi; c'est

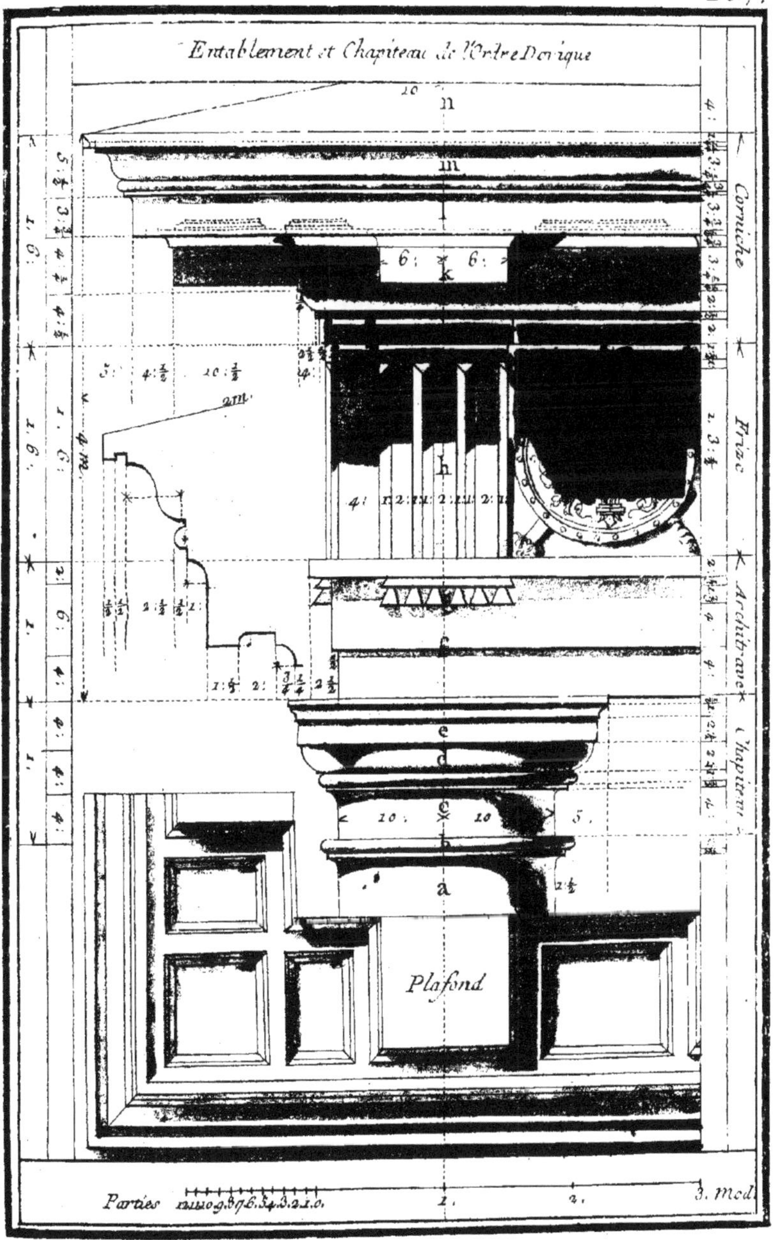
Entablement et Chapiteau de l'Ordre Dorique
Corniche
Frize
Architrave
Chapiteau
Plafond
Parties
1. 2. 3. Mod.

c'eſt pourquoi il a été ainſi nommé : la partie ſupérieure étant dans *l'Ombre*, ils reçoivent des *Reflets* à droite, & une forte *Ombre* à gauche ; l'eſpace qui ſe trouve entre deux Trigliffes doit toujours être quarré, & ſe nomme *Métope* : il eſt enrichi d'un trophée o, dont la plus grande partie ſe trouve dans *l'Ombre* ; ayant des parties *Saillantes*, ils produiſent en ſens contraire des *Ombres* fortes proportionnées à leurs *Saillies*, & occaſionnées par les *Reflets*.

Les parties Saillantes de ce Trophée qui ſont éclairées, produiſent des *Ombres* comme à l'ordinaire.

Le Liſteau porte ſur la Plate-bande ſupérieure une *Ombre* égale à ſa *Saillie* ; les gouttes g. devroient ſe trouver en partie dans *l'Ombre*, mais on les met en totalité dans le clair, & portant des *Ombres* à côté & au-deſſous de chacune.

La Plate-bande ſupérieure porte une *Ombre* ſur la Plate-bande inférieure égale à ſa *Saillie*.

Le *Chapiteau* eſt compoſé de pluſieurs parties, d'un Liſteau, d'un Talon, d'un Quart de rond d, d'une Baguette, d'un Filet & d'un Gorgerin e.

Le Liſteau porte ſur le Talon une *Ombre* égale à ſa *Saillie* ; ce même Talon a une *Ombre* foible à ſon milieu, & une plus forte au-deſſous.

A l'égard des autres parties de Aſtragalle b, & du Fut a ; voyez ce qui a été dit pour le *Chapiteau* & *Fut Toſcan*, page 13.

On étendra, &c. Voyez à la fin de la page 12.

La Planche huitieme représente l'Entablement Denticulaire & Chapiteau *de* l'Ordre Dorique.

a. Fut orné de Canelures.
b. Aſtragalle.
c. Gorgerin décoré de Roſettes.
d. Quart de rond enrichi d'ove, accompagné d'une Baguette & d'un Filet.
e. Plate-bande couronnée d'un Talon d'un Liſteau.
f. Plate-bande.
g. Goutte tenant à un Filet au-deſſus duquel eſt un Liſteau.
h. Trigliſſe.
i. Cimaiſe inférieure.
k. Larmier Denticulaire.
l. Larmier ſupérieur.
m. Cimaiſe ſupérieure.
n. Reverdeau.
o. Pater placé dans le Métope.

Maniere d'Ombrer l'Entablement Denticulaire, *le* Chapiteau, & *un bout des Canelures à* Vive-arête *de* l'Ordre Dorique.

La Cimaiſe ſupérieure m. eſt compoſée d'un Liſteau, d'un Filet, d'une Doucine, d'un Filet inférieur, & d'un Talon.

Pour *Ombrer* le Filet & la Doucine, voyez à la page 15.

Le Filet inférieur eſt totalement dans *l'Ombre*.

L'on placera une Ombre pâle au milieu du Talon qui porte ſur le Larmier ſupérieur l, une autre *Ombre* égale à la *Saillie* de ſon *Soffite* (*a*). Le Larmier ſupérieur l, porte une *Ombre* égale à ſa Saillie qui ſe trace ſur la friſe.

Le Larmier Denticulaire k, étant dans l'*Ombre*, l'eſpace qu'il y a entre chaque Denticule ſe nomme *Métoche*. On leur donne une forte *Ombre*, qui ſe releve à 45 degrés vers leur partie ſupérieure.

La Cimaiſe inférieure i, eſt compoſée d'un Cavet, d'un Filet & d'un Chapiteau Trigliſſe.

Le Cavet a une forte *Ombre* dans ſa partie inférieure qui monte en s'adouciſſant par la raiſon que ſa partie ſupérieure eſt Refletée.

A l'égard des autres parties y compris le *Chapiteau* & l'aſtragalle, voyez à la page 13.

Le Fut a, eſt enrichi de Cannelures à *Vive-arête*, dont trois à droite ſe détachent par une teinte pâle, les trois du milieu par des *Ombres-portées*; enfin, les trois autres à gauche par des fortes *Ombres-refletées*; l'on placera dans la cavité ſupérieure des ſix Cannelures, à commencer à droite, des Ombres égales à leur cavité; les trois autres ſont *refletées*.

(*a*) Soffite eſt le plafond des Moulures.

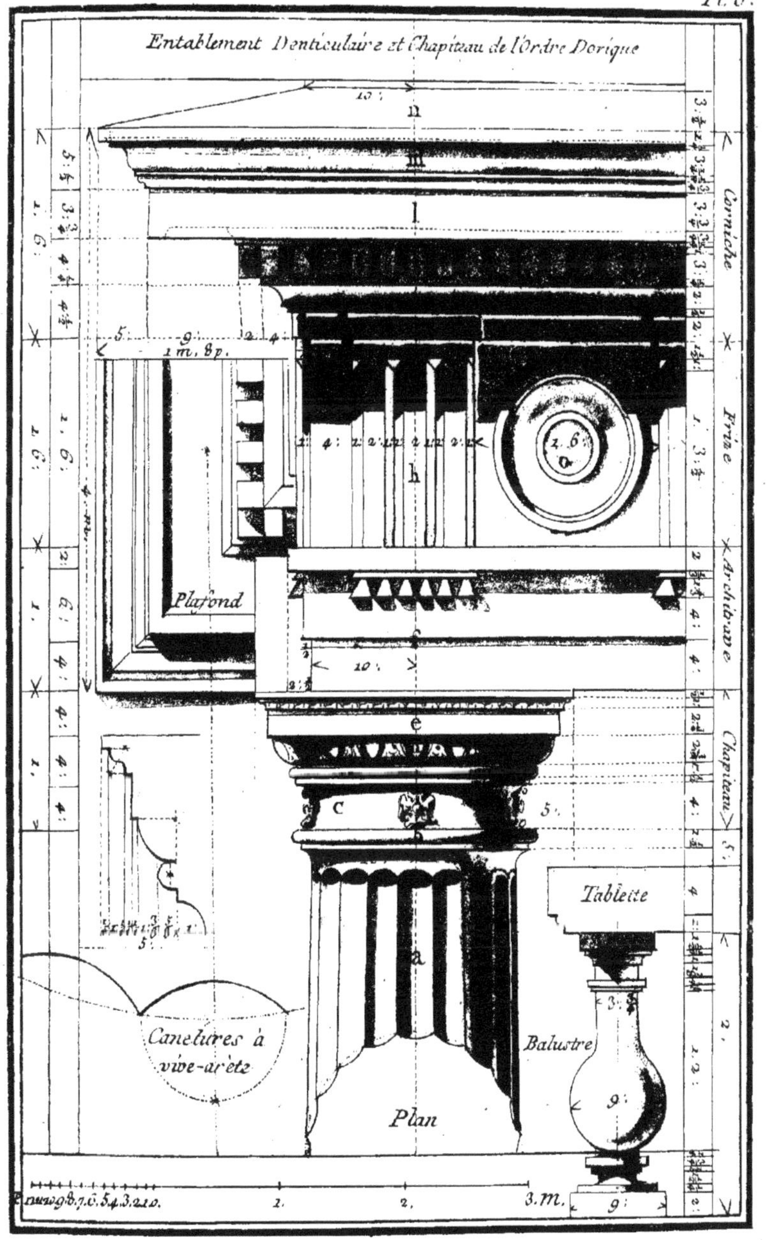

Entablement Denticulaire et Chapiteau de l'Ordre Dorique
Corniche
Frize
Architrave
Chapiteau
Plafond
Tableite
Balustre
Canelures à vive-arête
Plan
1 m. 8 p.
3. m.

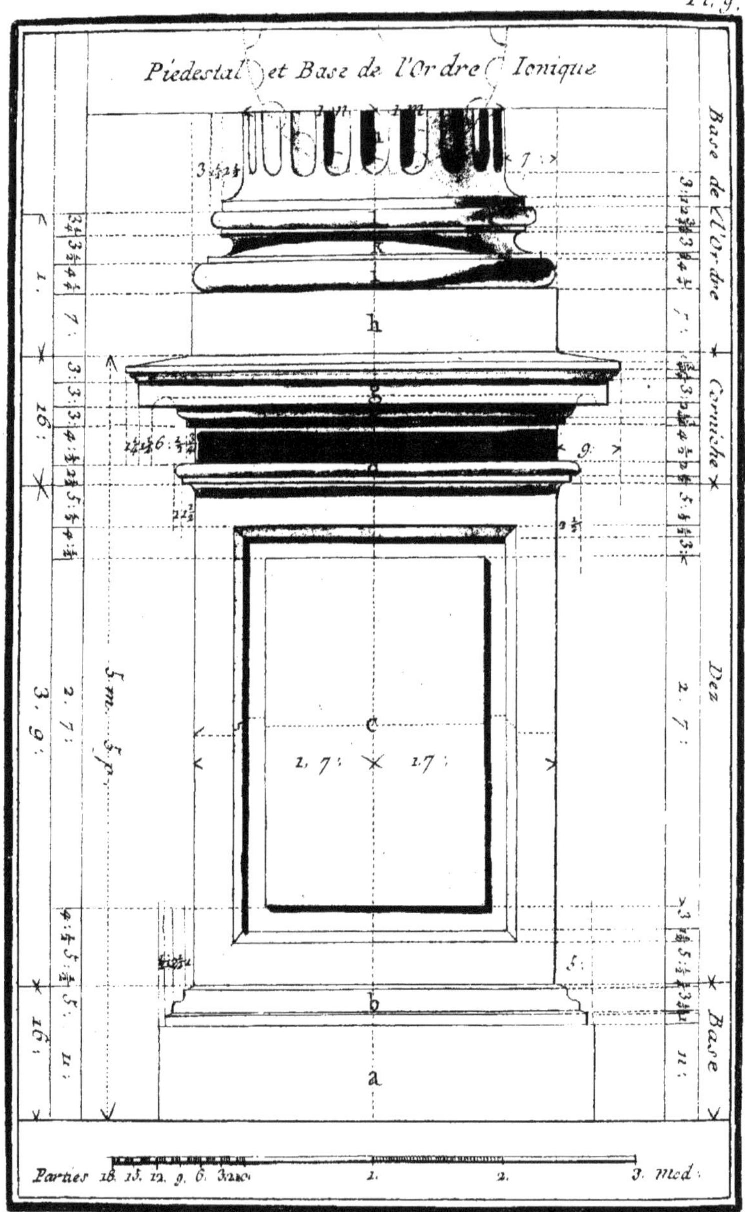
Piedestal et Base de l'Ordre Ionique
Base de l'Ordre
Corniche
Dez
Base
h
c
b
a
Parties 18. 15. 12. 9. 6. 3.
1.
2.
3. mod.

La Planche neuvieme contient le Piedestal & Base *de* l'Ordre Ionique.

a. Plinthe.
b. Talon renversé accompagné d'un Filet.
c. Table renfoncée.
d. Astragalle.
e. Gorgerin.
f. Cimaise inférieure.
g. Larmier au dessus duquel est la Cimaise supérieure.
h. Plinthe.
i. Tore inférieur.
k. Scotie accompagné de deux Filets.
l. Tore supérieur
m. Fut enrichi de Cannelures.

Maniere d'Ombrer *le* Piedestal, *la* Base *& un bout du* Fut *de* l'Ordre Ionique.

Pour *Ombrer* le Fut m. & les Cannelures, voyez à la fin de la page 18.

Pour Ombrer le Listeau, les deux Tores l. & i, & les deux Filets; voyez ce qui a été dit, page 13.

Le Filet qui sépare le Tore supérieur l. de la Scotie k, porte sur cette même Scotie, une *Ombre* qui s'incline un peu à droite, & de beaucoup à gauche, en y réservant un Reflet.

La Cimaise supérieure de la Corniche est composée d'un Listeau & d'un Talon; on laisse dans le *Reflet* le Talon qui porte une *Ombre* sur le Larmier g.

Ce même Larmier couvre entierement d'*Ombre* le Gorgerin e.

La Cimaise inférieure f. est composée d'un quart de rond & d'un Filet; le quart de rond a le fort de son *Ombre* dans sa partie supérieure; l'on observe un *Reflet* sous le Filet.

L'Astragalle d. est composée d'une Baguette & d'un Filet; l'on porte une *Ombre* sur la partie inférieure de la Baguette, sans adoucissement; le Filet est réservé dans le *clair*, portant au dessous une *Ombre* égale à sa *Saillie*, en réservant un *Reflet* à cause du Congé.

Le Dez est enrichi d'un *Champ* & d'une *Table-enfoncée*; le *Champ* est orné d'un Talon dans son pourtour.

Ce Talon est dans le *Reflet*, & porte une *Ombre* à droite, ainsi que dans la partie supérieure de son pourtour: il est dans le *clair* à gauche, & dans la partie intérieure de son pourtour.

La *Table* c. est ombrée comme à l'ordinaire.

La Planche dixieme contient l'Entablement & Chapiteau *de* l'Ordre Ionique.

a. Fut enrichi de Cannelures.
b. Chapiteau avec ſes Volutes & tous les ornemens qui le décorent.
c. Plate-bande accompagnée d'un Cavet & d'un Filet.
d. Plate-bande couronnée d'une Baguette, d'un Talon & d'un Liſteau.
e. Cimaiſe inférieure.
f. Modillons placés dans le Larmier inférieur.
g. Larmier ſupérieur.
h. Cimaiſe ſupérieure.
i. Reverdeau.

Maniere d'Ombrer l'Entablement, *le* Chapiteau & *un bout du* Fut *de* l'Ordre Ionique.

Pour *Ombrer* la Cimaiſe ſupérieure k, voyez ce qui a été dit pour les Cimaiſes ſupérieures des Entablements Doriques, page 18 & 19.

Pour tracer les *Ombre-portées* par le Larmier ſupérieur g, & les Modillons f, voyez ce qui a été dit du Larmier & Modillon Toſcan, page 13.

La Cimaiſe inférieure e. eſt compoſée d'un quart de rond, d'un Cavet & d'un Filet qui les ſépare.

Le quart de rond a le fort de ſon *Ombre* à ſa partie ſupérieure, en s'adouciſſant; les Oves qui ſont taillés dedans ſont détachés par une *Ombre* forte de chaque côté.

Le Cavet a le fort de ſon *Ombre* à ſa partie inférieure, en s'adouciſſant.

La Plate-bande d. eſt couronnée d'une Baguette & d'un Liſteau.

Le Liſteau porte une *Ombre* ſur le Talon; ce même Talon a une *Ombre* foible à ſon milieu; la Baguette eſt totalement dans *l'Ombre*, il y a au-deſſous une *Ombre* plus forte égale à ſa *Saillie.*

La Plate-bande c. eſt couronnée par un Cavet & un Filet totalement dans *l'Ombre*, en obſervant une *Ombre* forte ſur le Filet & ſous le Cavet.

Le Liſteau du *Chapiteau* porte une *Ombre* ſur le Talon; ce dernier a une *Ombre* foible à ſon milieu.

Le Liſtel des Volutes porte une *Ombre* ſous lui-même, & ſur différentes parties des Circonvolutions des Volutes du *Chapiteau.*

Les Oves placés dans ce même *Chapiteau* ſe détachent par une Ombre à côté de chaque Ove à droite, & par une autre projettée ſur les différens Oves.

Le Fut a. qui eſt canelé, ſera ombré comme il a été dit à la fin de la page 19.

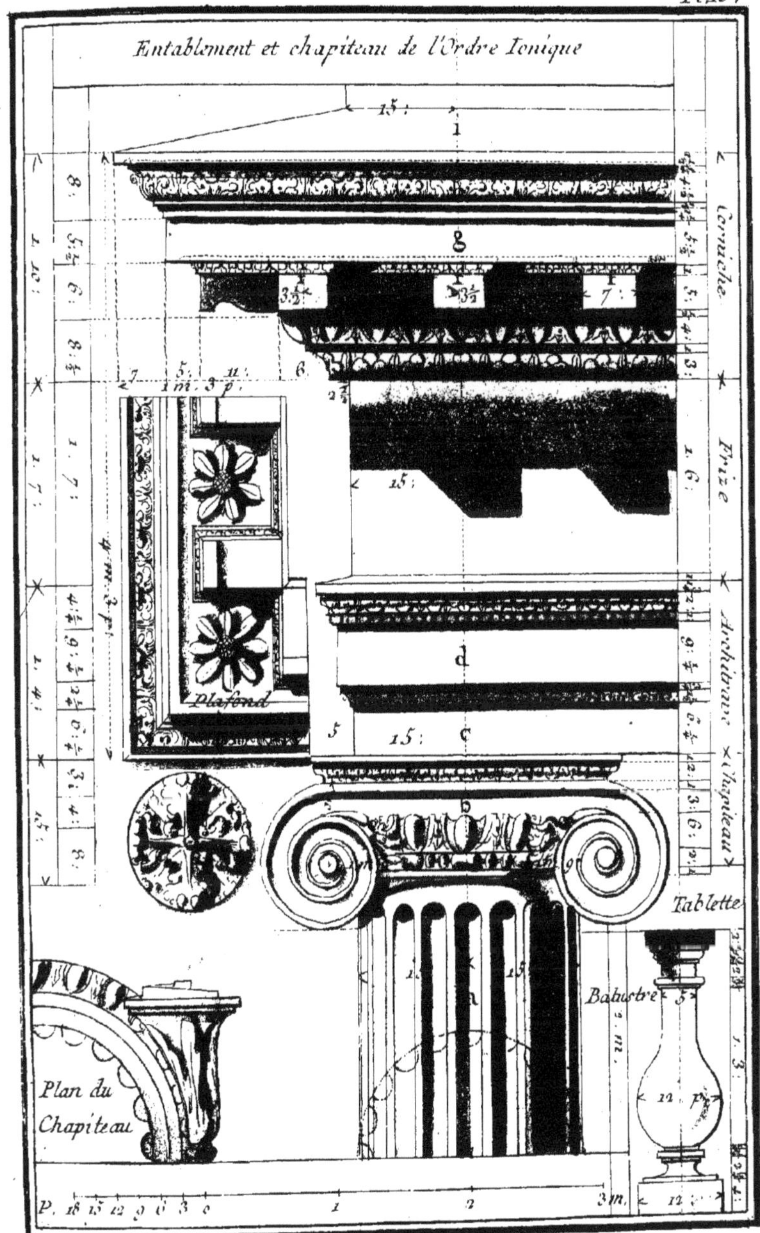
Entablement et chapiteau de l'Ordre Ionique
Corniche
Frize
Architrave
Chapiteau
Plafond
Tablette
Balustre
Plan du Chapiteau

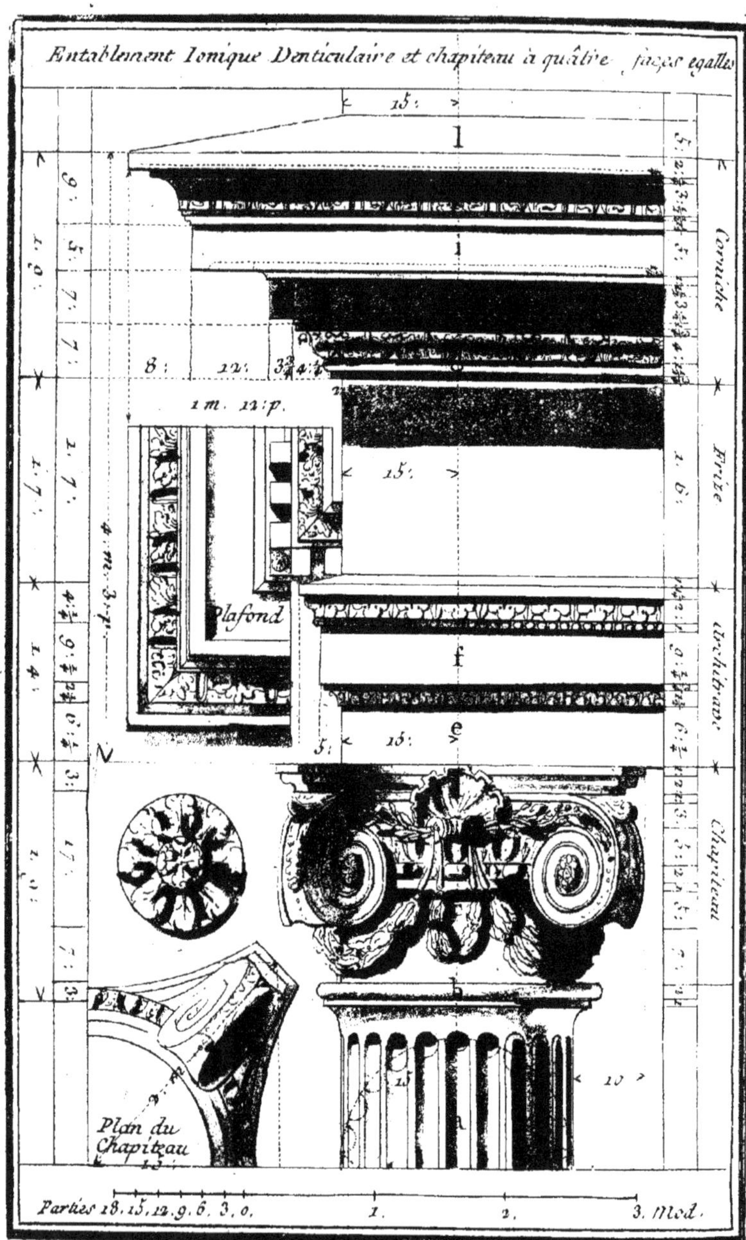
Entablement Ionique Denticulaire et chapiteau à quâtre faces egalles
Corniche
Frize
Architrave
Chapiteau
Plafond
Plan du Chapiteau
1 m. 12 : p.
4 m. 3 : p.
Parties 18. 15. 12. 9. 6. 3. 0. 1. 2. 3. Mod.

La Planche onzieme représente l'Entablement Ionique Denticulaire, & Chapiteau *à quatre faces égales.*

a. Fut enrichi de Cannelures.
b. Astragalle.
c. Gorgerin.
d. Coquille tenant deux branches de laurier, & des guirlandes, pour accompagner les Volutes aux quatre angles du Chapiteau.
e. Plate-bande accompagnée d'un Cavet & d'un Filet.
f. Plate-bande accompagnée d'une Baguette, d'un Talon & d'un Listeau.
g. Cimaise inférieure.
h. Larmier Denticulaire.
i. Larmier supérieur.
k. Cimaise supérieure.
l. Reverdeau.

Maniere d'Ombrer l'Entablement Denticulaire & Chapiteau *à quatre faces égales de* l'Ordre Ionique.

La Cimaise supérieure k. est composée d'un Listeau, d'un Filet, d'un Cavet, d'un Filet inférieur & d'un Talon.

Le Listeau devroit couvrir *d'Ombre* en totalité le restant de la Cimaise; mais nous croyons nécessaire de réserver dans le *clair* un tiers du Cavet & tout le Talon.

L'Ombre étant tracée sur le Cavet, l'on ménagera un *Reflet* à sa partie supérieure.

Pour le Filet inférieur & le Talon, voyez ce qui a été dit, page 19.

Le Larmier supérieur i. vient projetter son *Ombre* sur la frise égale à sa *Saillie*, prise du nud de la frise.

Le Larmier Denticulaire h. sera *Ombré*, comme il a été dit page 19.

La Cimaise inférieure g. est composée d'un Filet, d'une Doucine, d'une Baguette & d'un Filet inférieur.

La Doucine a le fort de son *Ombre* dans son milieu, en s'adoucissant haut & bas; on ménage un *Reflet* sous la partie inférieure de la Baguette, & un autre *Reflet* sous le Filet inférieur.

L'Architrave est *Ombrée* comme il a été dit page 20.

Le *Chapiteau* présente les angles formées par ses Volutes, de maniere que l'Angle à droite est parfaitement clair, l'Angle à gauche en pleine *Ombre*; la face de la Volute à droite, dans une *Ombre* moins forte, & la face de la gauche parfaitement *claire*.

On ne dit rien en particulier des *Ombres*, des Ornemens, qu'il faut suivre sur la figure.

L'Astragalle & le *Fut* a. seront Ombrés comme il a été dit pag. 19.

Ce détail sur la projection des *Ombres* paroît suffisant, il sera facile d'Ombrer les autres parties, d'après les notions que l'on vient de donner.

La Planche douzieme représente le Piedestal *& la* Base *de* l'Ordre Corinthien & Composite.

a. Plinthe.
b. Tore accompagné d'un Filet & d'un Cavet.
c. Table rentrante.
d. Astragalle.
e. Gorgerin.
f. Cimaise inférieure.
g. Larmier couronné d'une Cimaise supérieure.
h. Plinthe.
i. Tore inférieur surmonté d'une Baguette.
k. Scotie accompagnée de deux Filets.
l. Tore supérieur surmonté d'une Baguette.
m. Fut enrichi de Cannelures.

Après avoir donné la maniere de Laver *ou* d'Ombrer *les différens* Ordres, *il faut aussi dire un mot sur l'usage où l'on est d'employer plusieurs couleurs dans les* Plans d'Architecture, *& sur le choix de ces différentes couleurs.*

L'on est convenu de figurer les *Plans* des murs & massifs à élever, en couleur rouge : les *Plans* exécutés en noir, & les *Plans* à démolir en jaune.

La couleur rouge pour laver les *Plans* projettés, se fait avec du Carmin délayé dans de l'eau foiblement gommée : on le met dans une coquille unie & non crenelé.

L'on se sert aussi de cette couleur pour exprimer les *Coupes* & *Profils* qui indiquent les épaisseurs des murs en élévation : au lieu de Carmin, on emploie quelquefois de l'Encre rouge qui est moins épaisse & moins gromeleuse, par conséquent plus facile à étendre.

L'on peut remarquer que les *Plans*, les *Coupes* & les *Profils* représentés sur nos Planches, sont lavés avec cette Encre.

Le noir pour laver les *Plans exécutés*, se fait avec de l'Encre de la Chine & de l'eau très-propre.

Il y a beaucoup de choix dans cette Encre ; la bonne Encre de la Chine est cassante & luisante ; étant délayée, sa teinte est rousse & quelquefois grise.

La médiocre n'est ni cassante ni luisante.

La mauvaise est noire & pierreuse : elle peut cependant servir à laver les *Plans* qui ne demandent pas autant d'effet que les élévations : elle pourroit même être employée à ce dernier usage, faute de meilleure, en y mêlant un peu de sanguine.

Piedestal et Base de l'Ordre Corinthien et composite.

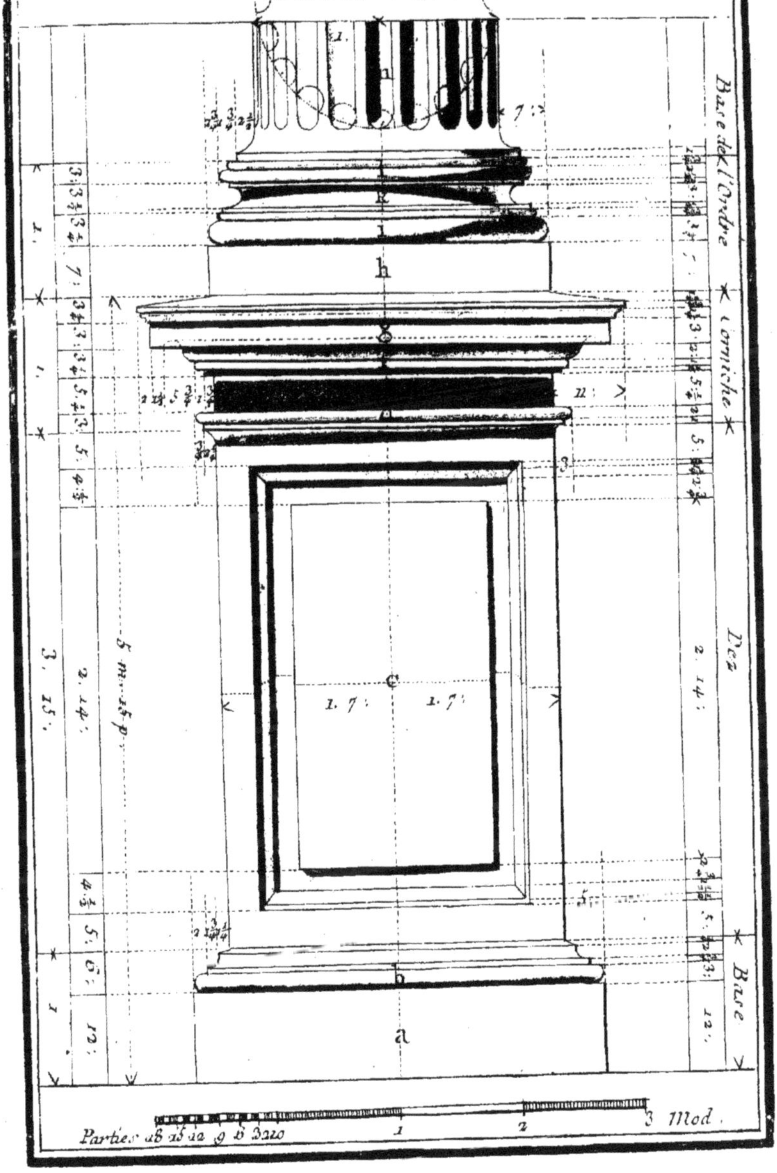

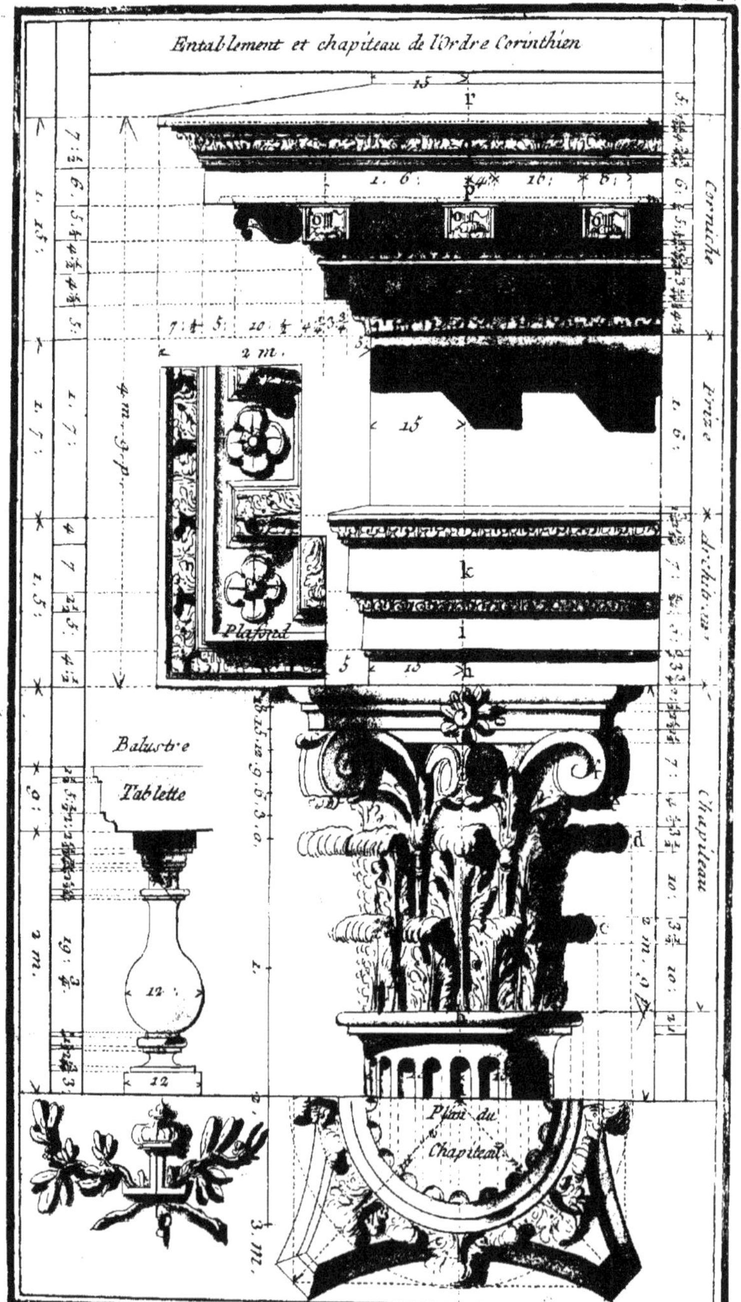
Entablement et chapiteau de l'Ordre Corinthien
Corniche
Frize
Architrave
Chapiteau
Plafond
Balustre
Tablette
Plan du Chapiteau
2 m.
4 m. 3 p.
3 m.

La Planche treizieme représente l'Entablement *&* *le* Chapiteau *de* l'Ordre Corinthien.

a. Fut enrichi de Cannelures.
b. Astragalle.
c. Premier rang de feuilles.
d. Second rang.
e. Troisieme rang.
f. Volute ou Elice.
g Rosette.
h. Plate-bande avec une Baguette.
i. Plate-bande avec un Cavet & un Filet.
k. Plate-bande avec une Baguette, un Talon & un Listeau.
l. Cimaise inférieure.
m. Larmier inférieur ou Denticulaire.
n. Cimaise intermédiaire.
o. Modillon placé dans le Larmier intermédiaire.
p. Larmier supérieur.
q. Cimaise supérieure.
r. Reverdeau.

Maniere de broyer l'Encre de la Chine.

L'Encre de la Chine doit toujours être broyée avec de l'eau très-propre dans une coquille unie & non crenelée, par deux raisons; la premiere, que l'Encre se délaye grossierement dans celle-ci; la seconde, que l'on ne peut la nettoyer comme il faut.

On aura attention de n'en broyer que pour son usage journalier, vû qu'en vieillissant elle perd sa qualité.

Il est bon aussi de faire remarquer qu'en délayant l'Encre de la Chine il ne faut mouiller que l'extrêmité du pain d'Encre, qui frotte dans la coquille, autrement elle deviendroit gromeleuse.

La couleur jaune pour laver les *Plans* à démolir, se fait dans une coquille, avec de la Gomme-gutte & de l'eau très-propre.

Au défaut de cette Gomme, l'on fait du jaune avec de la graine d'Avignon & de l'eau que l'on fait bouillir, & que l'on tire ensuite au clair.

Le jaune fait avec le saffran & de l'eau, n'est point en usage pour laver les *Plans* dont nous venons de parler, mais utile pour indiquer sur un dessein; ce qui doit être or ou doré.

La Planche quatorzieme contient l'Entablement & Chapiteau de l'Ordre Composite.

a. Fut enrichi de Cannelures.
b. Astragalle.
c. Premier rang de feuilles.
d. Second rang.
e. Volutes ornées de graines qui ressortent des Culots.
f. Rosette.
g. Plate-bande avec une Baguette.
h. Plate-Bande avec un Cavet & un Filet.
i. Plate-bande avec une Baguette, un Talon & un Listeau.
k. Cimaise inférieure.
l. Larmier inférieur ou Denticulaire.
m. Cimaise intermédiaire.
n. Modillons placés dans le Larmier intermédiaire.
o. Larmier supérieur.
p. Cimaise supérieure.
q. Reverdeau.

On emploie encore le Verd-d'eau en différentes parties des Plans ; *nous allons donner la maniere de le faire.*

Le Verd-d'eau se fait avec du Verd-de-gris & du Tartre à poids égaux, que l'on met dans un pot neuf bien plombé ou vernissé, avec de l'eau en plus ou moins grande quantité, selon que l'on veut avoir un Verd-d'eau fort ou foible.

L'on expose le tout au Soleil l'espace de deux ou trois jours, selon la saison, en remuant le tout de tems à autre, pour faire dissoudre le Verd-de-gris, qui se convertira en Verd-d'eau ; on le laissera reposer quelque tems, puis on le tirera au clair.

En versant de l'eau sur le marc, & recommençant les procédés décrits ci-dessus, l'on aura encore un Verd-d'eau clair.

Voilà les couleurs que l'on employe le plus souvent pour laver les Plans ; on les étend avec un pinceau de poil de chat bien rassemblé dans un tuyau de plume, & formant une pointe ; il ne faut pas que la pointe du pinceau soit trop longue : elle doit avoir une certaine fermeté pour pouvoir exécuter avec précision.

La

Entablement et chapiteau de l'Ordre composite

Corniche

Frize

Architrave

Chapiteau

Plafond

Candelabre

Plan

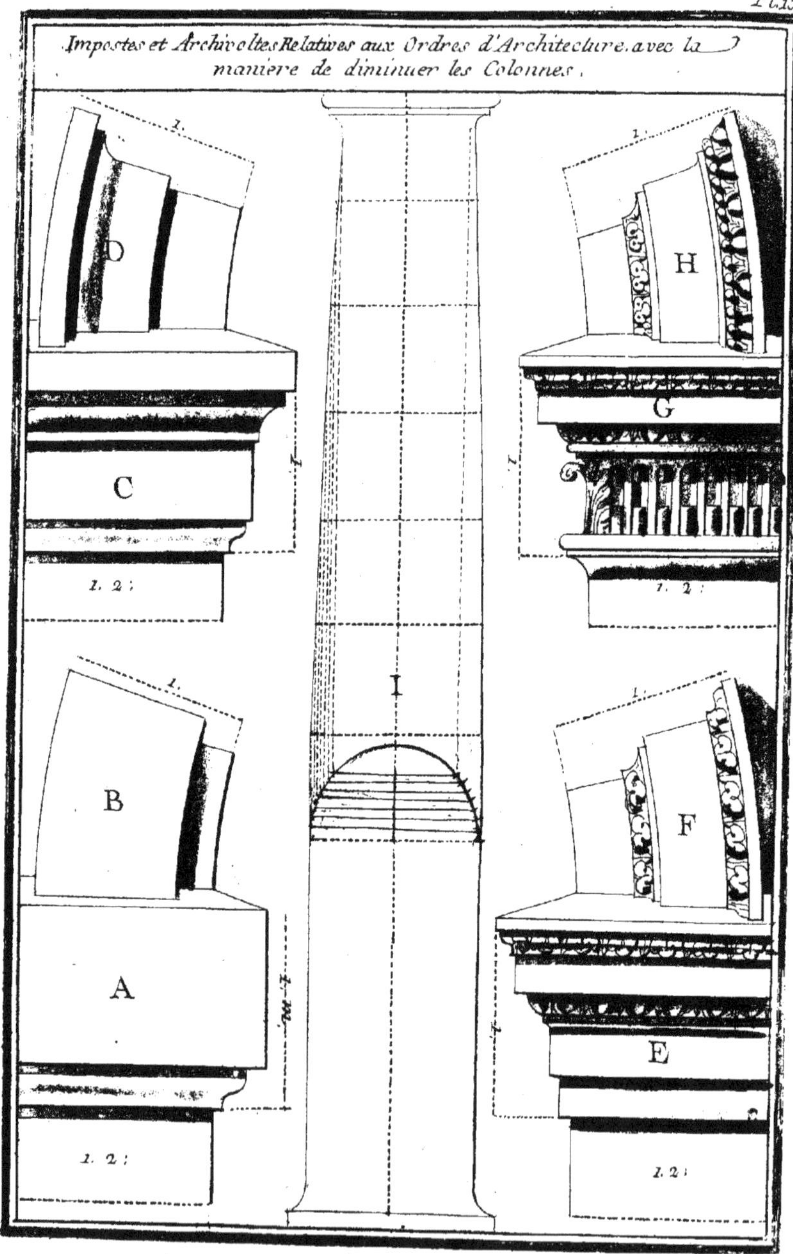
Impostes et Archivoltes Relatives aux Ordres d'Architecture, avec la maniere de diminuer les Colonnes.
A
B
C
D
E
F
G
H
I
1. 2.
1.

La Planche quinzieme représente les Impostes & Archivoltes *des différens* Ordres d'Architecture : *l'on y voit aussi la maniere de* diminuer les Colonnes.

A. Imposte Toscane.
B. Archivolte Toscane.
C. Imposte Dorique.
D. Archivolte Dorique.
E. Imposte Ionique.
F. Archivolte Ionique.
G. Imposte Corinthienne & Composite.
H. Archivolte Corinthienne & Composite.

Pour diminuer les *Colonnes*, il faut diviser leur *Fut* en trois parties égales, le tiers inférieur est un *Cilindre*; les deux tiers restant forment un *Conoïde-Tronqué*, qui se trouve par une ligne nommée *Conchoïde*, que l'on décrit comme dans la figure I : on trace le *demi-Cercle* sur lequel on abaisse la *Perpendiculaire* qui marque la diminution de la *Colonne* : la petite portion du *demi-Cercle* se divisera en autant de parties que l'on voudra, pourvu toutefois que l'on divise les deux tiers du *Fut* en autant de parties égales qu'il y a de division sur la petite portion du *demi-Cercle*, en élevant les *Perpendiculaires* à chaque point de division; ce qui donnera les points nécessaires pour tracer la *Conchoïde*.

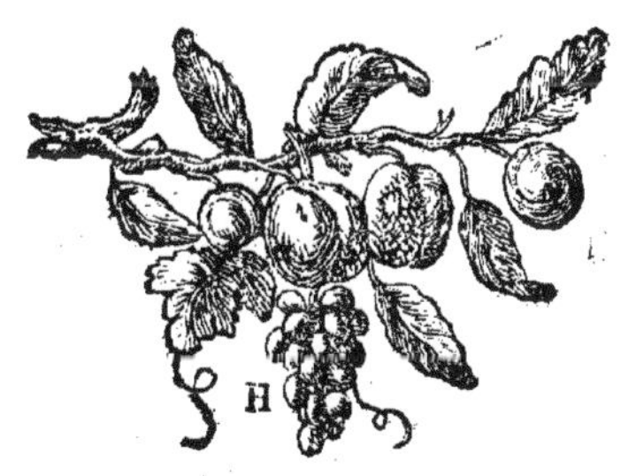

La Planche seizieme contient la Maniere de tracer Géometriquement la Volute Ionique.

SUpposé qu'on ait déterminé la grandeur du *Module* qui doit servir à régler l'Ordonnance *Ionique*, on le divisera, comme il a été dit, en dix-huit *parties* égales; on tirera une ligne AB, que l'on nomme *Cathete*, à laquelle on donne seize parties; ensuite on fixera au point C, le *Centre* de *l'Oeil* de la *Volute*, ensorte qu'il soit éloigné de neuf parties du point A, & de sept du point B; le rayon de *l'Oeil* de la *Volute* aura pour sa longueur une des *parties* de *Module*, par conséquent, le Diametre en aura deux, la ligne A D, aura huit de ces *parties*, & la ligne B E, en aura six, ainsi que le prescrit *Vignole*.

Cela posé, il faut diviser les demi Diametres CD, CE, en deux parties égales aux points *a*, *b*, & sur la ligne *a b*, faire le quarré *a b c d* dont le côté *d c*, deviendra *Tengente* de la *Circonférence* de *l'Œil* de la *Volute* : on tirera les lignes C *c*, C *d*; l'on divisera le côté *a b*, en six parties égales (*a*).

Cette division étant faite, on aura les points *e*, *f*, *g*, *h*; après quoi sur la ligne *e h*, on fera le quarré *e h i k*, & sur la ligne *f g*, le quarré *f l m g*, alors on aura trois quarrés, par conséquent douze angles droits qui donneront douze points de *Centre*, d'où après avoir prolongé indéfiniment les côtés des quarrés, l'on tracera les différentes circonvolutions de la *Volute*, ainsi qu'il va être expliqué.

Du *Centre a*, & de l'intervalle *a* A, pris sur la *Cathete*, décrivez le quart de *Cercle* A F, qui coupera le côté prolongé *a d*, au point F; du *Centre d*, & de l'intervalle *d* F, décrivez le quart de *Cercle* F G, qui coupera le côté prolongé *d c*, au point G; du *Centre c*, & de l'intervalle *c* G, décrivez le quart de *Cercle* G B H, qui coupera le côté prolongé *c b*, au point H; du *Centre b*, & de l'intervalle *b* H, décrivez le quart de *Cercle* H I, qui coupera la *Cathete* au point I; puis du *Centre e*, & de l'intervalle *e* I, décrivez le quart de *Cercle* I K; du *Centre k*, & de l'intervalle *k* K, décrivez le quart de *Cercle* K L; du *Centre i*, & de l'intervalle *i* L, décrivez le quart de *Cercle* L M; du *Centre h*, & de l'intervalle *h* M, décrivez le quart de *Cercle* M N; du *Centre f*, & de l'intervalle *f* N, décrivez le quart

(*a*) On a développé sur cette Planche la figure en grand pour faire mieux comprendre & distinguer toutes les différentes divisions & points de centre.

Planche 16e.

Maniere de tracer Géométriquement la Volute Ionique.

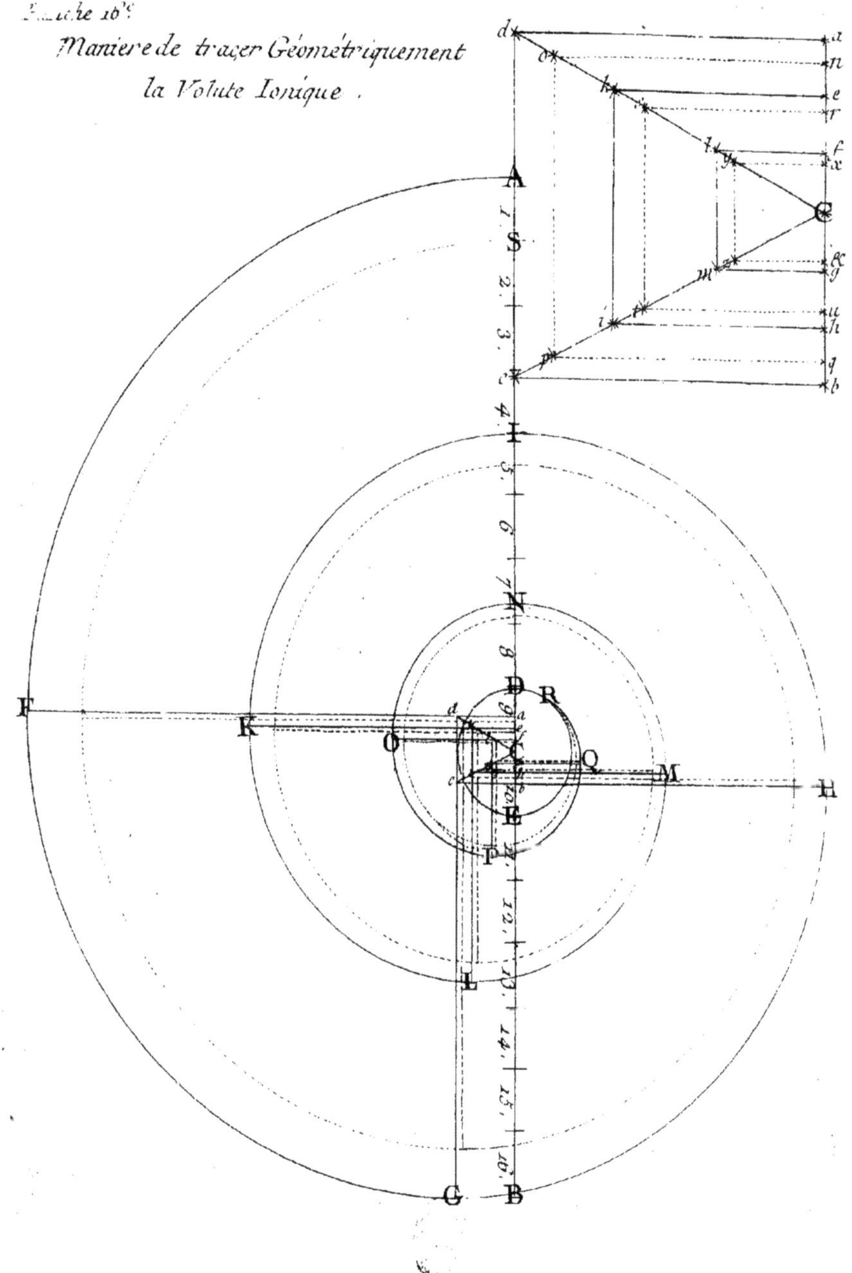

de *Cercle* N O ; du *Centre l*, & de l'intervalle *l* O, décrivez le quart de *Cercle* O P ; du *Centre m*, & de l'intervalle *m* P, décrivez le quart de *Cercle* P Q ; enfin du *Centre g*, & de l'intervalle *g* Q, décrivez *l'Arc* Q R, qui rencontre & ferme l'Œil de la *Volute* au point R.

Pour décrire le contour intérieur de la *Volute*, il faut prendre la ligne A S, égale à une *partie* de *Module*, ensuite chercher aux lignes D A, D S, C *a*, une quatrieme proportionnelle C *n*, qui sera aisée à trouver : car comme la ligne C S, fait les $\frac{7}{8}$ de la ligne C A, la ligne C *n*, doit faire les $\frac{7}{8}$ de la ligne C *a*, afin que les Antecedens ayent même rapport à leur Conséquent.

Après avoir trouvé la ligne C *n*, on la portera sur la partie C *b*, où elle se terminera en *q*. sur cette ligne *n q*, on fera le quarré *q p o n*.

On divisera ensuite la ligne *q n*, en six parties égales ; ce qui donnera les points *u* & *r*, *&*, & *x*, sur chacune des lignes *n r*, & *& x* ; on formera deux nouveaux quarrés qui, avec le premier *q p o n*, donneront douze nouveaux points de *Centre* desquels on tracera de nouvelles circonvolutions, après avoir prolongé les côtés de la même maniere qu'il a été développé ci-dessous.

Ces nouvelles Circonvolutions, ainsi que tout l'appareil qui a servi à les tracer, sont représentés sur la figure en lignes ponctuées.

Fin de la premiere Partie.

APPROBATION.

J'Ai lu par Ordre de Monseigneur le Chancelier le Manuscrit intitulé, *Elémens d'Architecture*, & je n'y ai rien trouvé qui en puisse empêcher l'impression. A Paris ce 18 Février 1772.

Cochin.

PRIVILÉGE DU ROI.

LOUIS, par la Grace de Dieu, Roi de France et de Navarre : A nos amés & féaux Conseillers, les gens tenans nos Cours de Parlement, Maîtres des Requêtes ordinaires de notre Hôtel, Grand-Conseil, Prevôt de Paris, Baillifs, Sénéchaux, leurs Lieutenans Civils, & autres nos Justiciers qu'il appartiendra ; Salut. Notre amé le sieur Panseron Nous a fait exposer qu'il désireroit faire imprimer

& donner au Public, *les Elémens d'Architecture*, s'il Nous plaisoit lui accorder nos Lettres de Privilége pour ce nécessaires. A CES CAUSES, voulant favorablement traiter l'Exposant, Nous lui avons permis & permettons par ces Présentes de faire imprimer ledit Ouvrage autant de fois que bon lui semblera, & de le vendre, faire vendre & débiter par tout notre Royaume, pendant le tems de six années consécutives, à compter du jour de la date des Présentes. Faisons défenses à tous Imprimeurs, Libraires, & autres personnes, de quelque qualité & condition qu'elles soient, d'en introduire d'impression étrangere dans aucun lieu de notre obéissance. Comme aussi d'imprimer, ou faire imprimer, vendre, faire vendre, débiter ni contrefaire ledit Ouvrage, ni d'en faire aucuns Extraits, sous quelque prétexte que ce puisse être, sans la permission expresse & par écrit dudit Exposant, ou de ceux qui auront droit de lui, à peine de confiscation des exemplaires contrefaits, de trois mille livres d'amende contre chacun des contrevenans, dont un tiers à Nous, un tiers à l'Hôtel-Dieu de Paris, & l'autre tiers audit Exposant, ou à celui qui aura droit de lui, & de tous dépens, dommages & intérêts. A la charge que ces Présentes seront enregistrées tout au long sur le Registre de la Communauté des Imprimeurs & Libraires de Paris, dans trois mois de la date d'icelles; que l'impression dudit Ouvrage sera faite dans notre Royaume, & non ailleurs, en beau papier & beaux caracteres; conformément aux Réglemens de la Librairie, & notamment à celui du 10 Avril 1725, à peine de déchéance du présent Privilége; qu'avant de l'exposer en vente, le Manuscrit qui aura servi de copie à l'impression dudit Ouvrage sera remis dans le même état où l'Approbation y aura été donnée, ès-mains de notre très-cher & féal Chevalier, Chancelier, Garde des Sceaux de France, le sieur DE MAUPEOU; qu'il en sera ensuite remis deux Exemplaires dans notre Bibliothéque publique, un dans celle de notre Château du Louvre, & un dans celle dudit sieur DE MAUPEOU; le tout à peine de nullité des Présentes. Du contenu desquelles vous mandons & enjoignons de faire jouir ledit Exposant & ses ayant causes, pleinement & paisiblement, sans souffrir qu'il leur soit fait aucun trouble ou empêchement. Voulons que la copie des Présentes, qui sera imprimée tout au long, au commencement ou à la fin dudit Ouvrage, soit tenue pour duement signifiée, & qu'aux copies collationnées par l'un de nos amés & féaux Conseillers Sécretaires, foi soit ajoutée comme à l'original. Commandons au premier notre Huissier ou Sergent sur ce requis, de faire pour l'exécution d'icelles tous actes requis & nécessaires, sans demander autre permission, & nonobstant clameur de haro, charte normande, & lettres à ce contraires : CAR tel est notre plaisir. DONNÉ à Paris, le dix-septieme jour du mois de Mars, l'an de grace mil sept cent soixante-douze, & de notre Regne le cinquante-septiéme, Par le Roi en son Conseil.

Signé, LEBEGUE.

Registré sur le Registre XVIII. de la Chambre Royale & Syndicale des Libraires & Imprimeurs de Paris, n°. 1987, fol. 624. conformément au Réglement de 1723. A Paris, ce 27 Mars 1772. Signé J. HÉRISSANT, *Syndic.*

PROSPECTUS

Concernant de nouveaux Elémens d'Architecture dédiés à Monseigneur le Lieutenant-Général de Police.

LE Sieur PANSERON, *Architecte*, Professeur *d'Architecture*, & Ancien Professeur de Dessein à l'Ecole Royale Militaire, s'applique depuis long-tems à perfectionner & simplifier les *Elémens d'Architecture*, pour faciliter les progrès des jeunes Artistes.

La premiere Partie de l'Ouvrage qu'il annonce en seize Planches, d'un format portatif, contient les cinq *Ordres d'Architecture*, avec les proportions & mesures cotées, *Plafonds* des différens *Ordres*, *Balustres*, *Profils* en grand, & généralement tous les détails relatifs à ces *Ordres*, accompagnés d'un Discours sur l'Origine des cinq *Ordres*, des principes sur la maniere de *laver* & de distribuer les *Ombres*.

On y traite aussi des différentes couleurs dont on se sert pour laver les *Plans*; le choix qu'on en doit faire, & la maniere de les employer; le tout broché pour prix de 2 l. 10 s. au trait, & lavées 5 l.

La seconde Partie, qui paroîtra dans quelque tems, contiendra les *Figures*, *Ornements*, *Trophées* & *Bas-reliefs* relatifs à *l'Architecture*, en quinze Planches, précedées d'un Discours sur l'Origine de la *Sculpture* & de la *Peinture*, leurs progrès & leurs différentes Révolutions, pour prix de 2 liv. 10 s. au trait, & lavées 5 liv.

La Troisieme Partie contiendra en quinze Planches l'application des cinq *Ordres* à la *Construction* des *Edifices*, précedée d'un Discours sur l'Origine de *l'Architecture*, pour prix de 2 liv. 10 s. au trait, & lavées 5 liv.

Cet Ouvrage sera de la plus grande utilité à l'Architecte, l'Ingénieur Civil & Militaire, le Maître Maçon, l'Appareilleur, le Tailleur-de-Pierre, le Menuisier, &c. de même qu'aux Amateurs de cet Art.

Pour la facilité du Public, les différentes Parties de cet Ouvrage se vendront ensemble, ou séparément chez l'Auteur, cul-de-sac Sainte-Marine, maison de M. PRESTAT, Garnisseur du Roi, & chez DESNOS, Libraire, Ingénieur-Géographe du Roi de Danemark, rue Saint Jacques, au Globe. On en trouvera aussi avec le papier inventé par le Sieur Deſnos, & le Stylet propre à deſſiner; l'on trouve aux mêmes adreſſes les Ouvrages des Sieurs DESPREZ & PANSERON, dont voici la liſte & le prix.

1. Temple Funéraire dédié à M. de Voltaire, en trois Planches tirées ſur du Papier grand aigle.	3 l.	ſ.
2. Repoſoir, dédié à Monſeigneur l'Archevêque de Paris, en ſept Planches tirées ſur le format du nom de Jeſus, cinq feuilles.	1	16
3. Baldaquin, dédié à M. Rouſſette, Architecte du Roi, en deux Planches, une moyenne & une petite.		8
4. Intérieur de Gallerie, dédié à M. Peronet, Architecte du Roi, en deux Planches, une grande & une petite.		12
5. Chimere de M. Deſprez, une Planche.		8
6. Ruine d'Architecture, une Planche.		8
7. Repoſoir, dédié à M. le Bailly de Bar, en deux Planches tirées ſur le format du nom de Jeſus.		12
	7 l.	4 l.
Toutes ces pieces ſe vendent enſemble, ou ſéparément, le tout broché.	8 l.	10 ſ.

Le Sieur Panſeron tient un Bureau, maiſon de M. Preſtat, où il enſeigne l'Architecture, le Deſſein & les Mathématiques, prix douze livres pour les mois d'hiver, & dix livres pour chacun des autres mois de l'année.

Son Bureau ſera ouvert les Fêtes & les Dimanches, depuis dix heures du matin juſqu'à cinq heures du ſoir, pour les Ouvriers en Bâtimens qui voudront apprendre les Sciences & Arts ci-deſſus indiqués, pour prix de 2 livres par mois, que l'on payera en entrant: l'on y enſeignera le Trait pour la coupe des pierres & pour la Menuiſerie.

Le Sieur Panſeron poſſede le ſecret de faire une liqueur qui, étant employée avec de l'eau propre, donne un très-beau Bleu d'Ardoiſe.

M. Rouſſette, Architecte du Roi, s'en ſert dans les Coupes & les Elévations, pour exprimer les Combles qui ſont couverts en Ardoiſe. Nul autre Bleu ne paroît plus propre à cet uſage.

Le ſieur Panſeron n'en a fait juſqu'ici que pour lui, mais dorénavant il en fera pour ceux qui en deſireront; prix de 12 ſols une petite bouteille tenant environ un demi-poiſſon.

Lu & approuvé, ce 28 Février 1772. COCHIN.

www.ingramcontent.com/pod-product-compliance
Ingram Content Group UK Ltd.
Pitfield, Milton Keynes, MK11 3LW, UK
UKHW021005180726
13838UKWH00003B/1453